3~5歳児
育ちをとらえる！
あそびと10の姿

阿部　恵・著

Gakken

子どもたち一人一人の成長の
姿が感じられるあそびと10の姿

　私たちが毎日ふれあっている子どもたちは、日々成長しています。一日の中でも、朝、保育者や友達との挨拶を交わしたＡちゃんと、昼食前に保育者の語る素話を食い入るように聞いているＡちゃんは少し違っています。みんなとお帰りの挨拶を交わすＡちゃんもまた少し違っていることでしょう。子どもたちは日々、うれしいことや悔しいこと、自信をもったり失ったりと、さまざまな体験を積み重ねながら成長していきます。

　人的な環境はもちろん、自然や遊具・絵本などの物的な環境などからもたくさん学びます。しかも、生活やあそびを通しての学びです。ですから、子どもたちが体験するすべてが学びと言っても過言ではありません。

　その学びを「幼児期の終わりまでに育ってほしい姿（10の姿）」に反映させてみると、一人一人の現在の姿がよく見えてくると思います。このように綴ると、10の姿を一言一句、完璧に頭に入れておかなくてはと、身構えて焦ってしまう方もいるかもしれませんが、今まで通りに、愛情深

く丁寧で楽しい保育をする。そこに 10 の姿の視点を入れて一人一人をより
よく知り、自分の保育を振り返ってみる。それを子どもたちとのふれあ
いに生かしていくことが大切です。

　すると、子どもたちの日常の生活での何気ない表情や行動がよく観察
でき、言葉かけも一つ一つ丁寧に行っていく中で、子どもたちの内面をよ
り深く知ることができるようになります。

　本書では、楽しいあそびのアイディアと、10 の姿をとらえるヒントを
紹介しています。目の前の子どもたちが日々の保育で、どのような姿を見
せてくれているのか、保育者が改めて気づくきっかけになると思います。
そして、子どもたちが小学校生活でも、安心して過ごせる基礎作りに
役立てていただけましたら幸いです。

阿部　恵

Contents

2 ……… **はじめに**

8 ……… **この本の使い方**

》PART 1 《 10の姿の内容

10の姿とは?

10 ……… **10の姿のなりたち／10の姿の考え方**

11 ……… **保育への役立て方／小学校や家庭との連携**

12 ……… １ **健康な心と体**

13 ……… ２ **自立心**

14 ……… ３ **協同性**

15 ……… ４ **道徳性・規範意識の芽生え**

16 ……… ５ **社会生活との関わり**

17 ……… ６ **思考力の芽生え**

18 ……… ７ **自然との関わり・生命尊重**

19 ……… ８ **数量や図形、標識や文字などへの関心・感覚**

20 ……… ９ **言葉による伝え合い**

21 ……… １０ **豊かな感性と表現**

22 ……… **column**

⟫ PART 2 ⟪
あそびと子どもの姿

運動あそび・集団あそび

	おすすめ年齢	関連する10の姿									
		健康な心と体	自立心	協同性	道徳性・規範意識の芽生え	社会生活との関わり	思考力の芽生え	自然との関わり・生命尊重	数量や図形、標識や文字などへの関心・感覚	言葉による伝え合い	豊かな感性と表現
24 …… 新聞紙サッカーであそぼう	③④⑤	●				●	●				
26 …… おひっこしおに	④⑤				●		●				
28 …… 色変えおに	④⑤			●						●	
30 …… はーい！ お荷物です	③④			●			●		●		
32 …… お手玉ボウリング	④⑤	●			●				●		
34 …… タンブリン・トライアングルリレー	③④⑤		●								●
36 …… ショッピング紙袋ソリ引きリレー	④⑤	●							●		
38 …… 友達ピッタンコ！	④⑤			●				●			
40 …… 紙皿ピッタンコ！	④⑤			●			●			●	
42 …… パッチン！ しっぽ取り	④⑤	●						●			
44 …… 手つなぎおに	③④⑤	●			●						
46 …… かぶと取りジャンケン	④⑤								●		
48 …… ハイ・イハ・ドン！	⑤	●		●	●						

5

関連する10の姿

		おすすめ年齢	健康な心と体	自立心	協同性	道徳性・規範意識の芽生え	社会生活との関わり	思考力の芽生え	自然との関わり・生命尊重	数量や図形、標識や文字などへの関心・感覚	言葉による伝え合い	豊かな感性と表現
環境に関わるあそび	50 … 働く人にありがとうインタビュー	④⑤					●					
	52 … ゆかいなティッシュペーパーダンス	④⑤						●	●			●
	54 … 遠足ごっこ	③④⑤	●			●						
	56 … おそうじごっこ	③④⑤	●	●	●							
	58 … 空き箱積みあそび	④⑤			●			●		●		
	60 … ラインを引いてあそぼう！	③④⑤		●			●					●
	62 … 雨上がりの園庭を散歩する	④⑤						●	●			
	64 … はっぴーくん 元気？	③④⑤				●	●		●			
言葉あそび	66 … つながりうたあそび	④⑤			●			●			●	
	68 … お家にあるもの集め	③④						●		●	●	
	70 … 早終わりしりとり	⑤	●							●	●	
	72 … 絵かきうたあそび	④⑤								●	●	●
	74 … 当てっこあそび なんの音？	③④	●				●				●	
	76 … 「みっけ！」同じ言葉集め	⑤						●		●	●	
お話・シアターあそび	78 … おいしい秋 みつけたよ	③④⑤							●	●		
	80 … ころころパンケーキ	③④									●	●
	82 … 虹を見たルルとムー	③④⑤							●			●
	84 … 『○○ぐみさんの思い出』紙芝居	⑤					●				●	●

	おすすめ年齢	関連する10の姿									
		健康な心と体	自立心	協同性	道徳性・規範意識の芽生え	社会生活との関わり	思考力の芽生え	自然との関わり・生命尊重	数量や図形、標識や文字などへの関心・感覚	言葉による伝え合い	豊かな感性と表現
手あそび・歌あそび 86 …… ちゅうりっぷ	③④⑤							●			●
88 …… ぼうずぼうず	③④	●		●							
90 …… どんぐりころちゃん	③④⑤								●		●
92 …… ほしいのどっち？	③④⑤								●	●	
94 …… 春かな	③④							●			
96 …… だれでしょう	③	●		●							
98 …… おむすびつくろう	③④⑤					●		●			
100 …… くれよん しゅしゅしゅ	③④⑤		●					●			
102 …… ラーメン	④⑤					●				●	
104 …… もちつきペッタンコ！	⑤		●								
106 …… ちょいとそこの赤おにどん	③④⑤		●			●					●
製作あそび 108 …… カエルのぴょんぴょん競走	③④⑤	●		●							
110 …… 手作り水ヨーヨーあそび	④⑤		●								●
112 …… クルクル紙コプター	⑤		●				●			●	
114 …… だれのTシャツ？	④⑤									●	●
116 …… 六角返しチューリップ	⑤		●								
118 …… どこまで飛ぶかな？ 紙飛行機	⑤		●							●	
120 …… こまであそぼう	④⑤		●	●							
122 …… 手品あそび カラフル色紙ツリー	④⑤		●								●
124 …… 紙でっぽうあそび	④⑤		●		●	●					

126 …… **あそびの型紙**

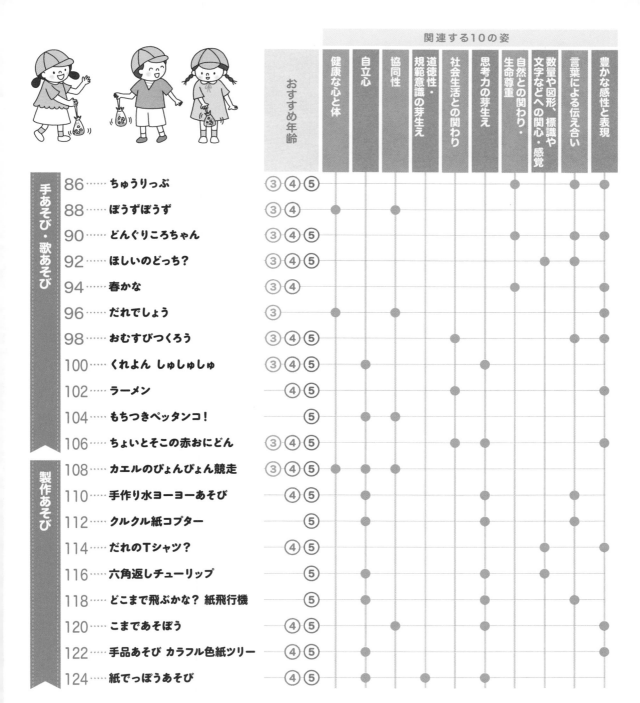

この本の使い方

あそびの種類を
示しています。

おすすめの
年齢です。

あそびの**ねらい**を
紹介しています。

あそびに必要な準備や、**教材の
作り方**を紹介しています。

保育者の声かけの例を
紹介しています。

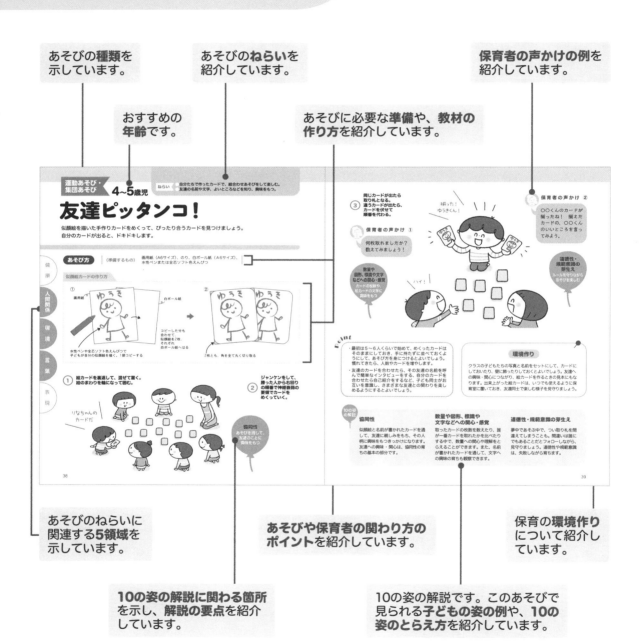

あそびのねらいに
関連する**5領域**を
示しています。

10の姿の解説に関わる箇所
を示し、**解説の要点**を紹介
しています。

あそびや保育者の関わり方の
ポイントを紹介しています。

10の姿の解説です。このあそびで
見られる子どもの姿の例や、**10の
姿のとらえ方**を紹介しています。

保育の**環境作り**
について紹介し
ています。

❱ PART 1 ❰

10の姿の内容

三法令に示される「幼児期の終わりまでに育ってほしい姿（10の姿）」。この章では、その概要や、保育への役立て方を解説します。

10の姿とは?

原文

次に示す「幼児期の終わりまでに育ってほしい姿」は、第2章に示すねらい及び内容に基づく活動全体を通して資質・能力が育まれている幼児の幼稚園修了時の具体的な姿であり、教師が指導を行う際に考慮するものである。

幼稚園教育要領の総則（第1章）より抜粋

10の姿のなりたち

10の姿とは、5領域※1や資質・能力の三つの柱※2をふまえて考えられ、園での活動を通して「幼児期の終わりまでに育ってほしい姿」を具体的に表したものです。幼児期にふさわしいあそびや、生活を積み重ねたことで育まれてきた、幼児（とくに5歳児後半）の姿が示されています。

保育者は、あそびや生活の中で見られる子どもたちの今の育ちをとらえ、その先をイメージしながら、一人一人の発達に必要な体験や環境作り、行うべき援助を考えて、保育を進めていく必要があります。

※1 子どもの育ちを5つの側面からとらえたもので、「健康」「人間関係」「環境」「言葉」「表現」の領域があります。三法令の第2章では、各領域の「ねらい」と「内容」が示されています。
※2 生きる力の基礎を育むために必要となる、「知識及び技能の基礎」「思考力、判断力、表現力等の基礎」「学びに向かう力、人間性等」の3つを指します。

健康な心と体　　自立心　　協同性

豊かな感性と表現　　道徳性・規範意識の芽生え

言葉による伝え合い　　社会生活との関わり

数量や図形、標識や文字などへの関心・感覚　　自然との関わり・生命尊重　　思考力の芽生え

10の姿の考え方

10の姿は、子どもの育ちをわかりやすくとらえるための指標です。注意すべき点は、これは「達成されなければならない目標」ではないということです。子どもたちは、自発的なあそびや、さまざまな環境を通して発達していくものですが、その育ちは一人一人異なります。10の姿に表される育ちは、すべての幼児に同じように見られることではないのです。

また、「幼児期の終わりまでに育ってほしい姿」とありますが、これらは5歳児になったら突然表出するものではありません。入園のころから積み重ねられてきたさまざまな体験が、幼児期の終わりごろに実り出した結果なのです。

保育への役立て方

保育のねらいと内容（5領域）をふまえて保育の計画を立て、実行し、その状況を保育者同士で評価します。これは、保育者が自分たちの保育に対して行うもので、どんなことを意識して、それをどれくらい達成できていたか、という、実行できたことに対しての評価です。その中で、子どもの姿を語るとき意識したいのが、10の姿です。保育者の考察の視点の一つとして、10の姿を活用してみましょう。

そして、改善点を見つけ、園全体で計画的に保育の質の向上に努めていきます。この計画・実行・評価・改善の一連の流れを組織的に進めていくことを、「カリキュラム・マネジメント」といいます。子どもにどのような育ちが見られたかをとらえ、より子どもの実態に寄り添った計画に調整していくことで、目の前の子どもたちに適した保育を展開することを目指します。

小学校や家庭との連携

10の姿は、子どもたちが進学する小学校の教師と保育者の間で、子どもの育ちを円滑に共有するために役立つことも期待されています。幼児の段階から、卒園した後の子どもたちの姿までを見据えて育ちを支えていくには、小学校との円滑な接続を行っていく必要があります。しかし、幼児教育の現場と小学校では子どもの生活や教育の方法が異なってくるため、保育者が伝えたかった子どもの育ちについて、小学校側では異なるとらえ方をする、ということも起こり得ます。そういったすれちがいが生まれないためにも、わかりやすい共通の言葉（10の姿）が必要なのです。

また、育ちを明確に伝えられる言葉をもつことで、保護者とのコミュニケーションにも大いに役立ち、家庭との連携も取りやすくなります。

1 健康な心と体

関連する5領域　健康など

原文
　幼稚園生活の中で、充実感をもって自分のやりたいことに向かって心と体を十分に働かせ、見通しをもって行動し、自ら健康で安全な生活をつくり出すようになる。

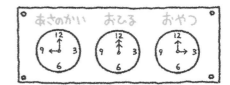

どんな姿？

- 目標をもって挑戦したり、気持ちを切り替えて困難を乗り越えようとしたりしながら、体を十分に動かし、主体的に活動する。

- 自分の健康に対する関心や、防災・交通などの安全についての知識を身につけ、自分の体を大切にする気持ちをもつ。

- 衣類の着脱、食事や排泄などの生活行動の必要性に気づき、自分で行う。

- 集団での生活の流れなどを予測して、自分たちの活動に見通しをもって取り組む。

🔍 ここを観察

　子どもたちが、あそびの中で十分に体を動かし、充実感を味わっているかどうかはもちろん、自発的に、心身の健康を意識して行動しているかに注目します。乳児期、または入園時から見て、うがい、手洗いや身だしなみなどの衛生面についての習慣が定着しているかを観察してみましょう。また、生活の見通しをもって活動できているかも、健康な心と体の育ちに関わります。時間や次の活動を意識して動く姿が見られるかなどを、よく観察してみましょう。

💡 関わりのヒント

　手を洗ったら「きれいになって気持ちいいね」というように、清潔で快適な生活が心地よいということを、その都度伝えていきましょう。毎日の積み重ねが肝心です。子どもが心地よさを感じ、清潔で健康な状態がよいものと考えられるようにします。時間や活動の流れは、活動の時間を示した手作りの時計や、活動の順番がわかる表など視覚的に伝えるものを用意して、子どもが自発的に確認できる環境を作るとよいでしょう。

② 自立心

原文

身近な環境に主体的に関わり様々な活動を楽しむ中で、しなければならないことを自覚し、自分の力で行うために考えたり、工夫したりしながら、諦めずにやり遂げることで達成感を味わい、自信をもって行動するようになる。

どんな姿？

- 身近な大人との信頼関係を基盤に自己を発揮し、環境に主体的に関わり、自分の力でさまざまな活動に取り組む。

- 励まされたり、励ましたりして、諦めずにやり遂げる体験を通し、達成感を味わい、自信をもって取り組むようになる。

- 自分がしなければならないことを自覚し、課題を見つけ、試行錯誤しながら行動する。

🔍 ここを観察

子どもが「やらなくてはいけないこと」や「目標や目的を達成するために必要なこと」を自ら考え、どのように行動をしているかに注目します。「もっとあそびたい」という気持ちを抑えて、昼食のために片づけをしたり、みんなで捕まえた虫を飼いたいと思って、大人に飼い方を質問したり。「〜したい」という気持ちを、子ども自身が状況に合わせて、ときに達成に向け工夫し、ときに制御しようとしている様子を、よく見てみましょう。

💡 関わりのヒント

試行錯誤し、成功したり、失敗して学んだりすることの繰り返しが、自立心の育ちにつながります。つまずくことがあっても、すぐには手出しせず、しかし最終的にはなんらかの成功体験を得られるよう、保育者がうまくフォローしていけるとよいでしょう。また、一つのことを繰り返し経験すると、自信や工夫につながります。年下の子どもたちの前で手本になる経験も、自信をもって物事に取り組むようになる、よいきっかけになるでしょう。

③ 協同性

関連する5領域 **人間関係**など

原文

　友達と関わる中で、互いの思いや考えなどを共有し、共通の目的の実現に向けて、考えたり、工夫したり、協力したりし、充実感をもってやり遂げるようになる。

どんな姿？

- 相手にわかるように伝えたり、相手の気持ちを察して自分の思いの表し方を考えたり、我慢したり、気持ちを切り替えたりしながら、他者と関わり合う。

- いろいろな友達と積極的に関わり、互いのよさを知り、楽しみながら一緒にあそびを進めていく。

- 友達と共通の目的をもって話し合ったり、役割を分担したりして、実現に向けて力を発揮し、やり遂げる。

ここを観察

　協同性の育ちは、自分の気持ちを友達に伝え、食い違った意見を対話によってすり合わせて、よりよい結論を出そうとする姿などに見られます。協同性が育つと、あそびの中で役割分担をしたり、順番待ちなどのルールを提案したりと、子ども同士でお互いの意見、経験をもち寄り、問題を解決して、目的を達成しようとするようになります。以前のその子と比べて、どう振る舞っているかをよく見て、一人一人の育ちをとらえましょう。

関わりのヒント

　友達と協力して取り組むことでより充実するような活動内容を、保育に取り入れましょう。例えば、大きな家作りや、調べものなどです。安全に配慮しつつ、多少のもめごとがあっても、子ども同士のやりとりにゆだね、見守ることも必要です。試行錯誤し、ときにぶつかり、お互いを認め合いながら、目標を達成する過程を大切にします。友達には友達の考えがあることを知り、そのうち、お互いの考えや思いを生かすにはどうしたらいいかを考えるようになっていきます。

4 道徳性・規範意識の芽生え

原文

友達と様々な体験を重ねる中で、してよいことや悪いことが分かり、自分の行動を振り返ったり、友達の気持ちに共感したりし、相手の立場に立って行動するようになる。また、きまりを守る必要性が分かり、自分の気持ちを調整し、友達と折り合いを付けながら、きまりをつくったり、守ったりするようになる。

関連する5領域　**人間関係**など

どんな姿？

- してよいことと悪いことの区別などを考えて行動する。

- 他者の気持ちに共感したり、相手の立場から自分の行動を振り返ったりする経験を通して、より楽しくあそぶために考えて行動し、自分たちで問題を解決する。

- みんなで心地よく過ごすためにはきまりを守ることが大切だと気づく。自分の気持ちを整理し、友達と折り合いをつけながら、きまりを作ったり、守ったりするようになる。

🔍 ここを観察

ルールを守ることと、よりよく過ごすために自分たちでルールを作ること、双方の育ちを観察します。決まったことを守ることができる姿も大切ですが、例えばルールを破ってしまったとき、「破った結果」への気づきも、大きな育ちの姿です。また、今あるルールが自分たちに合わない、新しいきまりが欲しいという、子ども自身の気づきにも注目しましょう。新しいきまりを話し合って決めていく様子の中にも、育ちをとらえることができます。

💡 関わりのヒント

既存のルールの確認、必要なルールの制定、また自分たちの現状に合ったルールの改定、これらをあそびや生活の中で行えるようにしましょう。ルールを守る理由を、「ルールだから」とせず、「どうしてそのようなルールが作られたのか」から丁寧に考える場を設定します。子どもたちの気づきを促せるよう、承認や助言などで適切にサポートしましょう。公共の場での振る舞いや、法律などで定められているルールは、しっかりと理解できるように繰り返し伝えます。

5 社会生活との関わり

原文

　家族を大切にしようとする気持ちをもつとともに、地域の身近な人と触れ合う中で、人との様々な関わり方に気付き、相手の気持ちを考えて関わり、自分が役に立つ喜びを感じ、地域に親しみをもつようになる。また、幼稚園内外の様々な環境に関わる中で、遊びや生活に必要な情報を取り入れ、情報に基づき判断したり、情報を伝え合ったり、活用したりするなど、情報を役立てながら活動するようになるとともに、公共の施設を大切に利用するなどして、社会とのつながりなどを意識するようになる。

どんな姿？

- 家族や地域の人々との関わりを通し、人とのさまざまな関わり方に気づき、家族や地域の人を大切にしようとする気持ちをもつ。また、相手の気持ちを考えて関わるようになり、自分が役に立つ喜びを感じる。

- 公共施設などを大切に使い、状況に応じた適切な行動を身につけながら、社会とのつながりを意識する。

🔍 ここを観察

　家族や身近な人、地域の人などと、どのように関わり、その中で自分が役に立つことをどう思っているのかをポイントに、様子を見てみましょう。また、交通ルールや、公共の場での振る舞い方、施設の使い方への意識など、社会生活の中でふれる仕組みやルールなどを知り、実践する姿を観察します。また、絵本や図鑑を見るなどして、社会生活に関する情報を集めて活用する姿も、育ちとして注目します。

💡 関わりのヒント

　日々の散歩や遠足などで、社会の仕組みや、身近で働く人々にふれる機会を作ると、子どもたちが自分たちの生活と結びつけて、興味をもつきっかけになります。また、子どもが気づいたこと、知りたいと思ったことについての情報収集に役立つ絵本やパンフレット、チラシなどを用意して、保育室に置いておくのもよい工夫です。他者を思いやり、必要な場所やもの、さまざまな情報を、うまく使えるような子どもの姿を思い描きながら、環境を整えましょう。

⑥ 思考力の芽生え

原文

　身近な事象に積極的に関わる中で、物の性質や仕組みなどを感じ取ったり、気付いたりし、考えたり、予想したり、工夫したりするなど、多様な関わりを楽しむようになる。また、友達の様々な考えに触れる中で、自分と異なる考えがあることに気付き、自ら判断したり、考え直したりするなど、新しい考えを生み出す喜びを味わいながら、自分の考えをよりよいものにするようになる。

どんな姿？

● ものとの多様な関わりの中で、ものの性質や仕組みについて気づいたり、考えたりする。

● 身近なものや用具などの特性・仕組みを生かしたり、いろいろな予想をしたりして、楽しみながら工夫して使う。

● 友達のさまざまな考えにふれ、自分とは異なる考えがあることに気づく。自分で判断したり、考え直したりしながら、新しい考えを生み出す楽しさを感じ、試行錯誤してあそびを発展させていく。

🔍 ここを観察

　子どもたちがどんなことを考えて、そのあそびに取り組んでいるかがポイントです。一見とりとめのない行動のようでも、一人一人子どもなりの気づきに基づき、予測したり、仮説を立てたりして、繰り返し体験して、より楽しいあそびに展開させようとしています。子どもたちの目線や手足の動き、子ども同士の会話の中などに、育ちをとらえるヒントがたくさん含まれています。子どもがどのようにあそびに取り組んでいたか、しっかりと記録してみましょう。

💡 関わりのヒント

　特別なものでなく、日の光や雨・風の様子を話題にして観察したり、大小の空き箱を集めて自由にあそべるコーナーを作ったりします。子どもの好奇心をくすぐる環境は、思考力を働かせるきっかけになります。子どもは自分なりの発見をし、それについて考え、どのように関わろうかと考えます。その姿を見逃さずにとらえ、必要に応じて環境作りや声かけをして、活動を援助します。子どもの姿を振り返り、活動がより楽しくなるしかけを考えていきましょう。

7 自然との関わり・生命尊重

関連する5領域　環境など

原文

自然に触れて感動する体験を通して、自然の変化などを感じ取り、好奇心や探究心をもって考え言葉などで表現しながら、身近な事象への関心が高まるとともに、自然への愛情や畏敬の念をもつようになる。また、身近な動植物に心を動かされる中で、生命の不思議さや尊さに気付き、身近な動植物への接し方を考え、命あるものとしていたわり、大切にする気持ちをもって関わるようになる。

どんな姿？

- 好奇心や探究心をもって自然に関わり、感動した体験を通して、自然の大きさや不思議さを感じ、愛情や畏敬の念をもつ。

- 水や氷、日なたや日かげなど、同じものでも季節や時間などにより変化するものがあることを感じ取ったり、季節の草花や木の実などの自然の素材や風、氷などの自然現象をあそびに取り入れたりしながら、自然に多様に関わっていく。

- 身近な生命の生死に関わり、生命の不思議さや尊さに気づいて、大切に扱おうとする。

🔍 ここを観察

　身近な動植物や土、水などに、子どもたちがどのように関わっているかを観察してみましょう。植物の世話を熱心に行う子ども、動植物や土に興味をもって観察している子ども、他の生き物の気持ちを考えようとする子どもなど、さまざまなアプローチで、自然に対する興味・関心、そして思いやりの育ちが見えます。また、暑さや寒さ、または快適ですがすがしい気候など、季節ならではの変化を感じ、生活に取り入れているかにも注目してみましょう。

💡 関わりのヒント

　散歩先や園庭で見つけた生き物の飼育や、植物を育ててみる経験を通して、子どもたちの自然への関わり方や、その個人差がよく見えます。また、興味のあるなしにかかわらず、保育室で育てた生き物や植物の生死に直面することも、生命尊重を知る大切な体験になります。身近な自然や生命にふれる機会を設け、自然との関わりを深めましょう。気候や気温に言及したり、衣類の着脱を促したりしていくことも、自然の変化について関心をもつきっかけになります。

⑧ 数量や図形、標識や文字などへの関心・感覚

原文

　遊びや生活の中で、数量や図形、標識や文字などに親しむ体験を重ねたり、標識や文字の役割に気付いたりし、自らの必要感に基づきこれらを活用し、興味や関心、感覚をもつようになる。

関連する5領域　**環境・言葉など**

どんな姿？

- 生活やあそびを通じて、自分たちに関係の深い数量、長短、広さや速さ、図形の特徴などに関心をもち、必要感をもって数えたり、比較したり、形を組み合わせたりする。

- 文字やさまざまな標識が、生活やあそびの中で役割をもつことに気づき、読み書きしたり、使ったりする。

🔍 ここを観察

　生活やあそびの中でふれる数や形、文字などに対し、子どもはどう反応しているでしょうか。カレンダーを見て、「23日から新潟のおばあちゃんの家に行くんだ。あと3日！」と言ったり、粘土を丸めながら「もっと、大きいおだんごのほうが、（量がたくさんあって）おなかいっぱい食べられるかも」と言ったり……。その端々に、日々の生活で培われた知識や、考える力が表れています。注意深く観察・傾聴し、記録してみましょう。

💡 関わりのヒント

　子ども自身の「知りたい」「わかったことがうれしい」という気持ちが重要です。日々の生活やあそびの中で、数量や図形、標識や文字を、便利に使う楽しさを伝えていきます。「車を作るには、どんな形のタイヤが何個いるかな」「積み木をもっと高く積むには、どんな形の積み木を使ったらいいだろう」など、あそびの中で、これらを楽しみながら活用する経験をしながら、知識として吸収できる、声かけや環境作りができるといいですね。

⑨ 言葉による伝え合い

原文

先生や友達と心を通わせる中で、絵本や物語などに親しみながら、豊かな言葉や表現を身に付け、経験したことや考えたことなどを言葉で伝えたり、相手の話を注意して聞いたりし、言葉による伝え合いを楽しむようになる。

どんな姿？

- 相手の話を注意して聞いて理解・共感したり、伝える相手に合わせて言葉の使い方や表現を変えてわかるように話したりするなど、言葉を通して保育者や友達と伝え合いを楽しむ。

- 絵本や物語などに親しみ、想像をする楽しさを味わうことを通して、豊かな言葉や表現力を身につける。言葉のもつ意味のおもしろさを感じ、その想像の世界を友達と共有し、言葉による表現を楽しむ。

🔍 ここを観察

よく話をする子、じっくり正確な言葉を選んで話そうとする子、自分の気持ちを少しずつ話す子など、子どもの表現は一人一人異なります。個別の育ちをきちんと受け止めるよう意識して、子どもの発言にじっくり耳を傾けましょう。どの発言がよい、悪いではなく、「自分なりに考えて、言葉を探す」ことがとても大切です。あそびの中で、子どもがどう心を動かしているか、感じたことをどう他者に伝えようとしているかを、よく見てみましょう。

💡 関わりのヒント

感じたことを率直に言葉にし、それをいつも保育者に「しっかりと受け止めてもらえる」と、子どもが感じ、安心できることを意識しましょう。言葉にすることのハードルを下げ、「話してみたい」という気持ちが自然と湧き出ることが大切。保育者はゆっくりと待ち、時に言い換えや補足をして、子どもが思いを言語化するためのサポートをしていきます。のびのびと言葉を使って行う交流を経て、友達と意見を交わし合い、豊かな言葉のやりとりを行うようになっていきます。

10 豊かな感性と表現

原文

心を動かす出来事などに触れ感性を働かせる中で、様々な素材の特徴や表現の仕方などに気付き、感じたことや考えたことを自分で表現したり、友達同士で表現する過程を楽しんだりし、表現する喜びを味わい、意欲をもつようになる。

どんな姿？

- 生活の中で心を動かす出来事にふれ、思いを巡らせ、さまざまな表現を楽しむ。

- 生活やあそびを通して、身近な素材の特徴や表現の仕方に気づき、必要なものを選んで感じたことや考えたことなどを自由に描いたり、作ったり、音や動きで表現したり、演じたりしてあそぶ。

- 友達と共通の目的をもって意見を出し合い、経験を生かしながら工夫して表現することや、表現の過程を楽しむ。

🔍 ここを観察

見たままのものを忠実に表現したい子どももいれば、独自の視点や考え方で色や形を設定する子どももいます。観察力にすぐれていたり、手先が器用だったり、独特な世界観をもっていたり。大人の主観ではなく、その子ども特有の個性をとらえ、気持ちよく表現ができているか、これまでとどう変化しているかに着目しましょう。作品や発表に限らず、日々のあそびの様子にも、表現の育ちは見てとることができます。

💡 関わりのヒント

世の中のさまざまな表現にふれる機会や、友達と表現を楽しむ機会を設けていきます。また、子どもが自分の表現を、上手・へたで評価されることなく、温かく受け止めてもらえると実感できる環境が必要です。大人の求める形に近づけさせようとすると、子どもにとって、表現活動は魅力的ではなくなってしまいます。ありのまま、感動したときの思いや、内にため込んだものを、のびのびと自由に表出することができるように心がけて、見守りましょう。

「手あそび・歌あそび」も、みんなの ちょっとした工夫で、 子どもたちの豊かな感性を育むあそびに

　特別な用具や材料を用意しなくても、目の前の子どもたちと楽しくあそべて、保育のさまざまな場面で活躍してくれるのが「手あそび・歌あそび」。保育のつなぎ的な役割で、とりあえず手あそびや歌あそびで間をもたせ……と、使われることも多くありますが、それも大切な役割です。

　その中で、保育者が『子どもたちがどんな表情で参加しているか、楽しい表現を引き出そう、子どもたちの中でさまざまな工夫が見られたら大いに認めて、みんなで共有して楽しもう』と願いをもって子どもたちとふれあっていると、「今日は"げんこつ山のきつねさん"で何回もあそんだね。コ～ンの鳴き声と手のポーズが楽しかったね」「明日は、れいちゃんのリクエストで"げんこつ山のこりすさん"であそぶんだよね。先生もがんばって考えてきますから、みなさんもお家で鳴き声やポーズを考えてきてくださいね」などと伝えたら、明日につながる保育になります。

　また、保育者が『子どもたちの中から、楽しい表現や展開が生まれるといいな』という期待感を常にもってあそんでいると、子どもたちの中から、「先生！　こうたくん、ふたごのきつねをコンコンとやっておもしろい！」といった声も耳に入ってきます。「えっ！　みくちゃん教えてくれてありがとう。こうたくん、どうやってあそぶの？　みんなに教えて！」といった展開が生まれます。クラスのみんなで紹介し合ってあそんだら、いろいろな発想が生まれて、みんなで共通の目的をもって協力するなどの、協同性につながる活動や、みんなで表現する喜びを味わい、豊かな感性を育む活動になりますね。

] PART 2 [

あそびと 子どもの姿

子どもたちの育ちを読み解く指針となる「10の姿」。楽しいあそびアイディアとともに、子どもの姿と、10の姿の具体的なとらえ方について紹介します。

※すべてのあそびは保育者の見守りのもと、安全面に十分配慮して行いましょう。

3~5歳児

ねらい
● 新聞紙で作ったサッカーボールで友達とあそぶことを楽しむ。
● 紙でできたボールの扱い方を工夫しながら、体を動かしてあそぶ。

新聞紙サッカーであそぼう

保育のさまざまな場面で、活躍してくれる新聞紙。一度使用して保存しておいたものや、
古くなったものを利用して、サッカーボールを作ってあそんでみましょう。

健康
人間関係
環境
言葉
表現

あそび方 | （準備するもの）

ポリ袋（取っ手つきの10ℓサイズ程度）、養生テープ、
新聞紙（10枚程度／1個分）

新聞紙サッカーボールの作り方

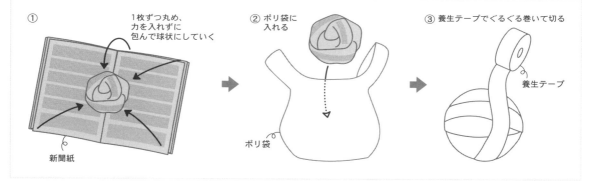

①
1枚ずつ丸め、
力を入れずに
包んで球状にしていく
新聞紙

② ポリ袋に
入れる
ポリ袋

③ 養生テープでぐるぐる巻いて切る
養生テープ

① **園外保育や製作などで使った新聞紙を
再利用して、ボールを作る。**

大きいボールにしたら、
蹴りやすいかも！

硬くしたほうが
いいかなあ

保育者の声かけ

みんながあそぶときに
使ったこの新聞紙。こ
れをもう1回使って、楽
しいものを作りますよ！

**思考力の
芽生え**
新聞紙の性質を知り、
工夫してボールを
完成させよう
とする

② **輪になって順番に蹴ったり、ゴールを決め、シュートをしたりして、ボールを使ったミニサッカーをする。**

● 鉄棒をサッカーゴールに見立て、シュートする。

鉄棒がゴールね！

健康な心と体
体の使い方を工夫して、ボールをコントロールする

社会生活との関わり
廃材を捨てずに、再利用してあそんで楽しむ

● ヘディングに挑戦してみる。

いくよ〜！

● みんなで順番に蹴り合い、パスをつなぐ。

Point

・ボールを作るときは、子どもが見ている前で行いましょう。興味を示した子には、作り方を伝えながら、一緒に作るとよいでしょう。

・場所によりますが、公園など公共の場でもボールさえ持っていけば、即席であそぶこともできます。安全に十分留意して楽しんだ後は、かならずボールをポリ袋に入れ持ち帰り、公共の場をきれいに使うことを伝えるとよいでしょう。

・新聞紙は保育の中で使い、それをさらにおもちゃにするなどして、資源として何回も再利用できるということを伝えてみましょう。

10の姿の解説

思考力の芽生え

「どう丸めるの？」「硬くしたほうがいいよ」「もう少し大きく」「硬いと、ぶつかったときに痛いよ」と、使いやすいボールにするための案を考え、保育者に提案する姿の中に、思考力の育ちをとらえられます。

健康な心と体

出来上がったボールであそぶと、本物のボールのようにうまくコントロールできないことに気づきます。どうしたらうまく扱えるかを考え、体の使い方を工夫する様子に着目して、観察してみましょう。

社会生活との関わり

「使い古したものでも、再利用して楽しくあそべる」ということを体験し、知識として身につけます。廃材を活用してあそべる環境を整え、子どもたちが今後のあそびにどう生かしているかに注目です。

4〜5歳児

おひっこしおに

簡単な追いかけおにあそびです。
ルールをしっかり守ること、みんなでルールを考えることで楽しさが高まるあそびです。

健康

人間関係

環境

言葉

表現

あそび方　｜（準備するもの）　ライン引き　｜（あそびのフィールドの準備）お家を2か所（丸と四角など）と、お家の間に線を引いておく。

【基本ルール】　・おには自由に動けるが、お家に入ったり、お家の外から捕まえたりすることはできない。
　　　　　　　　・おにが5数える前に必ずひっこす。5を過ぎると、おにになる。

① **基本ルールを伝える。おにが中心線に立ち、他の子どもはそれぞれ、お家の線の内側に入る。**

　※お家の広さは、人数に合わせて調整する。

道徳性・
規範意識の
芽生え
あそびのルールを
守ったり、作ったり
して楽しむ

②　おにが「おひっこし！」と言ったら、もう一方のお家へひっこす。その間、
　　おにに捕まった子どもが、次のおにになる。「おひっこし！」以外のひっかけ言葉を入れても楽しい。

お、お、お……
おすもう！

おっと！

保育者の声かけ

「おひっこし」の言葉を、よ〜く聞いてくださいね！ひっかけ言葉もありますよ！

思考力の芽生え
工夫し、試行錯誤してあそびを楽しむ

③　**実践する中でルールを修正・追加していく。**

【アレンジルール】　・一度お家を出たら、同じお家には戻れない。
　　　　　　　　　　・おには、お家の前でずっと待ち伏せしてはいけない。　など

一度お家を出たら、戻れないことにする？

いいね！
おもしろい！

Point

・正面衝突を防ぐために、中心のおにを避けるルートをいくつか事前に伝え、どう動くとよいか話し合っておきましょう。

・子どもたちのあそびの展開に合わせてルールを追加、修正する機会を作りましょう。

・はじめは狭い範囲、少人数であそび、あそび方、動き方を身につけられるようにしましょう。

10の姿の解説

道徳性・規範意識の芽生え

みんなで確認した基本のルールをしっかりと意識しながら、あそびを楽しめているかに注目します。ルールの修正では、よりあそびを盛り上げるためのきまり事を考える様子も、注意深く観察してみましょう。

思考力の芽生え

ひっかけ言葉に気をつけることや、どのように逃げて無事にお家に入るか、おにになったらどのように捕まえるかなど、子どもは短時間の中であらゆる思考を繰り広げます。よく観察して、育ちをとらえましょう。

4〜5歳児

ねらい
● ルールを理解して、大人数で楽しくあそぶ。
● 友達と協力したり、やり遂げたりする喜びを味わう。

色変えおに

おにに捕まった人の帽子の色が変わります。
最後まで色が変わらなかった人がチャンピオンです。

健康

人間関係

環境

言葉

表現

あそび方　　（準備するもの）　カラー帽子

① おにを1人決めて、カラーの面を表にして被る。
おに以外の人は、白い面を表にして被る。

おに

おに以外

② おにが後ろを向いて10数えている間に逃げる。

1、2、3……

③ 10数えたらおには前を向き、追いかける。

まて〜！

おに
来たよ！

わー！

協同性
あそびを
楽しむために
声をかけ合い、
励まし合う

④ おににタッチされ捕まったら、帽子を裏返してカラーの面にして被り、おにになる。

捕まっちゃった

おにの帽子の色になった子がいるよ！

保育者の声かけ

カラー帽子になった子はおにだよ！　白い帽子の子は逃げて！

言葉による伝え合い
保育者の言葉を自分のものにし、適切に使う

⑤ 最後まで捕まらないで逃げきることができた人がチャンピオンとなり、次の回でおにになる。

Point

・慣れるまでは、おにが捕まえやすいように、逃げられるスペースを区切って設定しましょう。

・最初は、保育者があそびを説明するためにおにになりますが、子ども側にも誘導役として保育者を1人入れると、子どもたちがルールを理解しやすくなるでしょう。

⑥ ルールについて話し合ったり、感想を言い合う。

おには、最初に何人かいたほうがいいよね

2人くらいがいいかな？

10の姿の解説

協同性

あそびの中で、どっちに逃げたらよいかを教え合ったり、同じチームの仲間同士励まし合ったりする姿は、協同性につながる育ちとしてとらえられます。

言葉による伝え合い

おにに捕まりそうな子に対し、逃げる方向を伝えるなど、保育者が言った言葉を自分のものにし、適切なタイミングで使う姿も、育ちとしてとらえられます。

3〜4歳児

はーい！ お荷物です

配達ごっこであそびましょう。
いつ自分に荷物が届くか、ドキドキです。

健康

人間関係

環境

言葉

表現

あそび方 ｜（準備するもの） ボールや空き箱、養生テープ

① 養生テープなどで玄関を設定し、子どもが玄関に向かい、囲むように座る。

養生テープ

玄関

② 1人が荷物（ボールなど）を持ち、配達屋さんになる。

えっと……

ボール

配達屋さん、ピンポンしてね！

お荷物楽しみだな！

協同性
テーマを共有し、あそびを盛り上げて楽しむ

③ 配達屋さん役の子が玄関の前に立って、チャイムを押すしぐさをする。

ピンポーン！

社会生活との関わり
日頃、目や耳にした情報をあそびに取り入れる

④ 友達1人を指名し、「○○くん、お荷物です」と伝える。名前を呼ばれた子は返事をして、玄関で荷物を受け取り、お礼を言う。配達屋さんを交代して繰り返し楽しむ。

○○くん、お荷物です！

は——い！

言葉による伝え合い
聞いたことのある言葉を自分でも使ってみる

保育者の声かけ ①

お家の人は、配達屋さんに荷物をもらうとき、なんて言っているかな？

保育者の声かけ ②

○○ちゃんの配達するときの言葉、○○くんの受け取ったときのお礼、とっても上手でしたね！

Point

- 保育者は配達屋さん役の子のフォローをしたり、配達屋さん役の子・受け取り手の子のよい行動をすかさずほめたりするようにします。
- 社会生活でのコミュニケーションの取り方を体験できるようにしましょう。
- 日常の保育の中で、配布物など一人一人に渡すものがあるときにも、あそびとして楽しめます。何気ない活動が、保育者のちょっとした工夫で楽しく、より意義のあるものに変わります。
- 園や家庭で宅配便が届いたときに、大人がどんな対応をしているか、よく見るようにすすめてみると、社会生活への興味や知識、言葉の理解につながります。

環境作り

配達ごっこが発展していくように、大小の段ボール箱を保育室にいくつか用意して、配達ごっこコーナーを作るとよいでしょう。

10の姿の解説

協同性

より忠実に再現して楽しむために言い回しを工夫する姿や、友達が言葉に困っていたらフォローする姿が見られます。みんなでごっこあそびのテーマを意識して活動する姿に、協同性の育ちを見ることができます。

社会生活との関わり

家庭で目や耳にした経験が生かされるあそびです。日頃、自分を取り巻く社会や働く人々の様子にどのように興味をもっているか、またはこのあそびで興味をもつようになったか、観察しましょう。

言葉による伝え合い

宅配業者と、身近な大人のやりとりの言葉を聞き、その経験をあそびにつなげます。自分たちで同じ言葉を使い、やりとりをしてみて楽しむ姿に、言葉の獲得などの育ちをとらえることができます。

ねらい
- 身近なものを利用して、あそびを楽しむ。
- あそびがよりおもしろくなるように、友達同士で工夫する。

4〜5歳児

お手玉ボウリング

お手玉が床の上をスーッとすべって、
紙芯がパタパタと倒れるのが快感です。

健
康

人
間
関
係

環
境

言
葉

表
現

あそび方

（準備するもの） お手玉5個（1セット）、紙芯6〜10個（1セット）、空き箱、ビニールテープ
※お手玉は俵型がおすすめです。

紙芯ピンの作り方

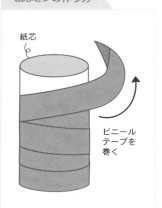

紙芯

ビニール
テープを
巻く

（あそびのフィールドの準備）レーンを図のように作る

ピン6本

25cm程度

20cm程度

150cm程度

ビニール
テープ

お手玉
5個

① **お手玉を1個持ち、線から内側に入らないようにしながら
床をすべらせ、紙芯のピンを倒す。**

がんばれ〜！

下から投げると
いいんじゃない？

健康な心と体
体の動かし方を
考え、
工夫する

保育者の声かけ ①

どれくらいピンを倒せたか、点数
表をつけてみても楽しいかも！

② 最初の1投目でピンがすべて倒れたら「ストライク」。全部で5個投げる。

ストライク

下から投げたら
すごく
よくすべったよ！

線を
越えそうだよ！

おっとっ、

道徳性・規範意識の芽生え
ルールを守り、声をかけあい、受け止め合う

思考力の芽生え
お手玉の上手な投げ方を考える

 保育者の声かけ ②

すごい！ みんな上手にできているから、ピンを増やして、ちょっと難しくしてみる？

Point

慣れてきたら、玉を投げる位置を後ろにしたり、玉を減らしたりして、難易度を変えてみましょう。倒すピンを増やすなど、子どもたちから新たな提案が出てくるように見守ります。

環境作り

レーンはお手玉がすべりやすい場所を選びます。お手玉が床に置いてあると、上に乗って転倒する危険があります。片づけの際は、空き箱を用意してお手玉入れにするとよいでしょう。

10の姿の解説

健康な心と体

お手玉をすべらせてピンに当てるために、力の加減や、体の動かし方を考え、試行錯誤しながら調節しようとする姿は、この育ちの表れです。

道徳性・規範意識の芽生え

あそびの中で「この線から出たらだめだよ！」と、自分が意識していなかったことを友達から注意されることがあります。友達の指摘に耳を傾け、自分の動きを修正しようとするのも、この姿の表れです。

思考力の芽生え

お手玉が床の上をすべるのはなぜか、どのように投げればねらった所へ届くかなど、このあそびの中で、子どもたちはさまざまな疑問をもちます。その様子を見守りながら、思考力の育ちをとらえてみましょう。

ねらい
● 楽器を鳴らすことに興味・関心をもってあそぶ。
● グループに分かれて一緒に活動することに期待感をもつ。

タンブリン・トライアングルリレー

音を鳴らすことが楽しい楽器演奏と、
リレーが一緒にあそびの中で体験できます。

健康

人間関係

環境

言葉

表現

あそび方

（準備するもの）　幼児机２台、タンブリン、トライアングル

（あそびのフィールドの準備）　10mほど先に机をグループ分用意し、タンブリンとトライアングル一式をそれぞれ机の上に置く

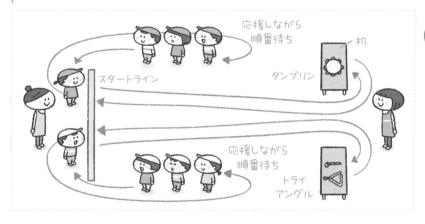

応援しながら
順番待ち

机

タンブリン

スタートライン

応援しながら
順番待ち

トライアングル

タンブリンは少し斜めにして、鈴のない所を持ちます

トライアングルは、ひもを持って叩きます

楽器について

タンブリンやトライアングルは、やさしく扱って、きれいな音を出すことが大切だと伝えます。保育者が手本を見せ、楽器を丁寧に扱うように促しましょう。

① 2グループに分かれて、列になる。
先頭の子はスタートラインに立って「ヨーイ、ドン！」の合図で、机まで走る。

ヨーイ、ドン

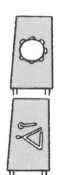

自立心
楽しい経験をもとに、次への意欲をもつ

(2) タンブリンチームはタンブリンを、
トライアングルチームはトライアングルを叩いて、
楽器を机に置いて帰ってくる。

きれいな音～！

保育者の声かけ ①

みんなのほうを向いて、いい音が出るように叩いてみましょう！

(3) 列の次の人は立って待ち、
帰って来た人とタッチする。
早く全員が終わったチームが勝ち。

豊かな感性と表現
楽器の扱いによって出る音の違いに気づく

保育者の声かけ ②

楽器をやさしく使うと、きれいな音が鳴ったね！

協同性
友達とあそぶ楽しさを共有する

環境作り

楽器を用意し、クラスで大切に、リレー方式で使って楽しむようにしてみましょう。保育室に常に置いておき、自由に手にできるようにしてもよいでしょう。

(4) 2回戦目からは、楽器を入れ替えてあそぶ。

Point

勝負がねらいではなく、楽器を手にして使い、リレーの流れを体験することに重点を置けるように配慮しましょう。

10の姿の解説

自立心

楽器を手にして音を出したり、運動会で見たことのあるリレーを体験したりして、満足感を感じる中で、「今度は大きい太鼓を叩きたい」「もっとたくさん走りたい」と、次への意欲につながります。

豊かな感性と表現

さまざまな楽器を扱う中で、いろいろな音色に気づき、その音を楽しんだり、音の出し方を工夫したりする姿が見られます。そんな子どもの姿に共感しましょう。

協同性

同じ目的をもってあそびに取り組む楽しさや、きれいな音が出た、叩き方がかっこいいとほめられたなど、みんなで楽しめるあそびを経験して、またみんなでやってみたいという気持ちが生まれていきます。

ねらい
- 引っ張る力を加減しながら、リレーであそぶことを楽しむ。
- 友達を励ましたり、励まされたりすることを喜ぶ。

4〜5歳児
ショッピング紙袋ソリ引きリレー

ショッピングのときの紙袋で手作りのソリを作って、室内でもリレーあそびを楽しみましょう。
競技も応援も、全力で楽しむ姿が見られます。

（健康／人間関係／環境／言葉／表現）

あそび方 | （準備するもの） カラーコーン2〜3本（チームの数に合わせる）、紙袋（縦横30cm程度）、紙芯、ビニールひも（80cm程度）、ペットボトル（275㎖）、色水、養生テープ

ショッピング紙袋ソリの作り方

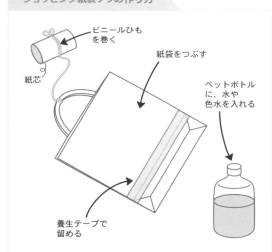

- ビニールひもを巻く
- 紙芯
- 紙袋をつぶす
- ペットボトルに、水や色水を入れる
- 養生テープで留める

① 4〜6人程度のグループを作り、それぞれ列を作る。

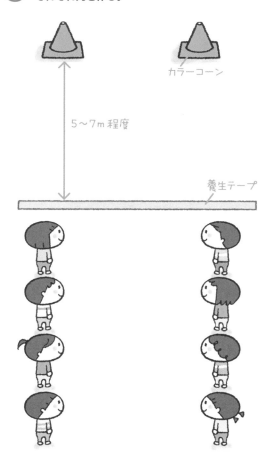

- カラーコーン
- 5〜7m程度
- 養生テープ

Point

- 全員が1〜2回、ソリ引きを練習できるようにしてから、リレー競技としてあそぶと楽しさが増します。
- 日常のあそびとして楽しみ、運動会の競技につなげても盛り上がる内容です。
- ホールのような広い空間で楽しめます。雨天続きの時期など、気分転換によいでしょう。
- 色水の入ったペットボトルを大きいサイズのものにしてみたり、個数を増やしたりして難易度を変化させても楽しめます。

② ショッピング紙袋ソリの上に、色水を入れた
ペットボトルを立てて乗せ、引きながら
カラーコーンを回ってスタートラインに戻る。
ペットボトルが倒れたら、止まって立て直す。

③ タッチして次の走者に
ソリを渡して交替し、
全員が引き終わった
グループの勝ち。

保育者の声かけ ①

○○ちゃん、ソリを
引っ張る姿勢が低くて
上手！ 低くすると引
きやすいんだね！

健康な心と体
姿勢や
身のこなしを
意識してあそぶ

体を低くすると、
引きやすいよ！

**道徳性・
規範意識の
芽生え**
ルールを知り、
守ろうとする

**言葉による
伝え合い**
よりよい方法に
気づき、わかる
ように伝える

がんばれ〜！

体を低く！

保育者の声かけ ②

○○くん、倒れたペットボトル
にちゃんと気づいて直せたね！

**10の姿
の解説**

健康な心と体

ペットボトルを落とさないためには、
どのように体を動かせばいいか考え、
ひざを曲げ姿勢を低くしたり、腕を
しっかり伸ばしたりして体の動きを
変える姿に、この育ちをとらえるこ
とができます。

道徳性・規範意識の芽生え

ペットボトルが倒れた場所まで戻っ
て再開する、きちんとタッチして交
代するなど、ルールを正しく守ろう
とすることは、この姿の育ちといえ
ます。しっかりと認め、ルールを守
ることへの意欲を促しましょう。

言葉による伝え合い

競走に熱中する走者に対し、同じ
チームの仲間がアドバイスをするこ
ともあるかもしれません。ペットボ
トルが倒れにくい方法に気づいた子
どもが仲間にどう伝えるかは、この
姿の育ちをとらえるポイントです。

ねらい
- 自分たちで作ったカードで、絵合わせあそびをして楽しむ。
- 友達の名前や文字、よいところなどを知り、興味をもつ。

友達ピッタンコ！

似顔絵を描いた手作りカードをめくって、ぴったり合うカードを見つけましょう。
自分のカードが出ると、ドキドキします。

（縦書き見出し）健康　人間関係　環境　言葉　表現

あそび方

（準備するもの）画用紙（A6サイズ）、のり、白ボール紙（A6サイズ）、水性ペンまたは全芯ソフト色えんぴつ

似顔絵カードの作り方

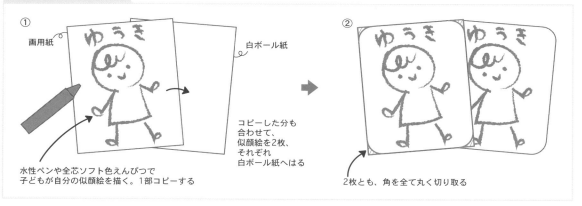

① 画用紙　白ボール紙

水性ペンや全芯ソフト色えんぴつで子どもが自分の似顔絵を描く。1部コピーする

コピーした分も合わせて、似顔絵を2枚、それぞれ白ボール紙へはる

② 2枚とも、角を全て丸く切り取る

1 絵カードを裏返して、混ぜて置く。絵のまわりを輪になって囲む。

りなちゃんのカードだ

2 ジャンケンをして、勝った人から右回りの順番で神経衰弱の要領でカードをめくっていく。

協同性
あそびを通して、友達のことに興味をもつ

③ 同じカードが出たら取り札となる。違うカードが出たら、カードを伏せて順番を代わる。

保育者の声かけ ①

何枚取れましたか？数えてみましょう！

数量や図形、標識や文字などへの関心・感覚
カードの枚数や、絵カードの文字に興味をもつ

揃った！ゆうきくん！

ハイ！

保育者の声かけ ②

〇〇くんのカードが揃ったね！ 揃えたカードの、〇〇くんのいいところを言ってみよう。

道徳性・規範意識の芽生え
ルールを守りながらあそびを楽しむ

 Point

・最初は5〜6人くらいで始めて、めくったカードはそのままにしておき、手に持たずに並べておくようにして、あそび方を身につけるとよいでしょう。慣れてきたら、人数やカードを増やします。

・友達のカードを合わせたら、その友達の名前を呼んで簡単なインタビューをする、自分のカードを合わせたら自己紹介をするなど、子ども同士がお互いを意識し、さまざまな友達との関わりを楽しめるようにするとよいでしょう。

環境作り

クラスの子どもたちの写真と名前をセットにして、カードにしておいたり、壁に飾ったりしておくとよいでしょう。友達への興味・関心につながり、絵カードを作るときの見本にもなります。出来上がった絵カードは、いつでも使えるように保育室に置いておき、友達同士で楽しむ様子を見守りましょう。

 10の姿の解説

協同性

似顔絵と名前が書かれたカードを通して、友達に親しみをもち、その人柄に興味をもつきっかけになります。友達への興味・関心は、協同性の育ちの基本の部分です。

数量や図形、標識や文字などへの関心・感覚

取ったカードの枚数を数えたり、誰が一番カードを取れたかを比べたりする中で、数量への関心や理解をとらえることができます。また、名前が書かれたカードを通して、文字への興味の育ちも観察できます。

道徳性・規範意識の芽生え

夢中であそぶ中で、つい取り札を間違えてしまうことも。間違いは誰にでもあることだとフォローしながら、見守りましょう。道徳性や規範意識は、失敗しながら育ちます。

4〜5歳児

紙皿ピッタンコ！

紙皿を使った絵合わせあそび。
同じ組み合わせをたくさん取ったチームが勝ちです。

健康
人間関係
環境
言葉
表現

あそび方　｜（準備するもの）　紙皿、画用紙、クレヨン、のり｜

絵合わせ紙皿の作り方

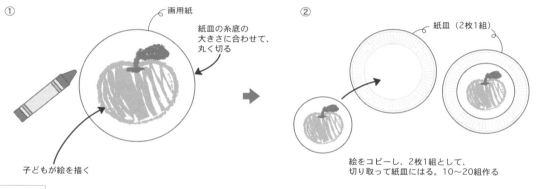

① 画用紙

紙皿の糸底の大きさに合わせて、丸く切る

子どもが絵を描く

② 紙皿（2枚1組）

絵をコピーし、2枚1組として、切り取って紙皿にはる。10〜20組作る

絵の例　■くだもの（リンゴ、バナナ、イチゴ、ブドウなど）　■おやつ（おだんご、ケーキ、アイスクリーム、ドーナツなど）

①　子どもたちが絵を描き、コピーしてから紙皿にはる。

リンゴ描けたよ！

じょうず！
私も赤のイチゴを
描いたから、
間違えないように
しようね！

②　同じ絵柄の紙皿2枚1組を何セットか用意し、よく混ぜて裏返して、床に置く。

協同性
より楽しくなる紙皿の絵柄を考えたり、チームで協力して絵合わせに取り組んだりする

③ 2チームに分かれ、各チーム1人ずつ、紙皿2枚を表に返す。
同じ絵柄が出たら取り、違う絵柄なら元通りに裏返す。

※1人2枚めくったら、相手チームに交代する。

あっちにも同じ絵があったよ！

同じだ！

思考力の
芽生え
絵合わせをより多く
成功させようと
考える

言葉による
伝え合い
同じ絵同士の紙皿の
位置を言葉で
伝える

・紙皿に描く絵柄を、みんなで相談して決め、分担します。みんなで作ったものをあそびに使い、一緒にあそびを作る楽しさを味わえるようにしましょう。

・紙皿に描く絵柄は、標識やマークなどをテーマにしてもよいでしょう。散歩や絵本などでどんな絵があるのかを調べながら作ることで、楽しみながら覚えることができます。

・あそびに慣れてきたら、少しずつ紙皿の数を増やすと、長く楽しめます。

・チーム同士のヒントの出し合いを促しましょう。

保育者の声かけ ①

〇〇くんが困っているね！　みんな、同じ絵のお皿がどこにあったかわかる？

④ 最後の子どもが終えたら、各チームで取った紙皿を並べてみる。たくさんの紙皿のペアを取ったチームの勝ち。

6枚取れた！

保育者の声かけ ②

チームのお皿はどれくらい取れたかな？　どうやって比べる？

10の姿
の解説

協同性

紙皿に描く絵柄を相談して決めたり、絵柄を合わせることに苦戦する友達に助言したり。協力するほど楽しくなるこのあそびの過程で、どのように取り組んでいるかに、現段階の育ちが見えます。

思考力の芽生え

順番待ちの間にめくる紙皿のあたりをつけている子、同じ絵柄を覚えることに集中する子、さまざまな様子が見られます。一人一人の様子をよくとらえてみましょう。

言葉による伝え合い

チームの友達にヒントを出すことができるこのあそび。「もっとこっち！」「〇〇の隣のお皿！」など、ヒントの出し方、表現の仕方に注目してみましょう。

パッチン！ しっぽ取り

いろいろな場所に簡単に付けることができる、洗濯ばさみ付きのしっぽを取り合います。
しっぽを取ったときの"パチン！"という音は快感です。

健康

人間関係

環境

言葉

表現

あそび方 | （準備するもの） カラー帽子、しっぽ（リボン、洗濯ばさみ）、ライン引き

しっぽの作り方

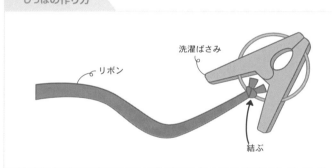

洗濯ばさみ

リボン

結ぶ

① 全員がしっぽを付け、紅白の2グループに分かれて帽子をかぶる。

赤

白

② 両方のグループの陣地を決め、ライン引きで囲む。

約10m程度

ライン引きで
陣地を描く

保育者の声かけ ①

今日は年少さんが砂場であそんでいるね。危なくないように、どこまで行っていいことにしようか？

③ 保育者の合図で、お互いが相手のグループのしっぽを取り合う。
しっぽを取られた子は、自分の陣地に戻って、グループを応援する。

保育者の声かけ ②

どうしたらたくさんしっぽが取れるかな？　チームで相談してみよう。

健康な心と体
安全性や、
自分の身のこなし、
身に付けたものの
動きに気を配る

協同性
チームで協力して、
ゲームに
勝とうとする

後ろー！
気をつけて！

あっちにまだ
しっぽのある子が
いる！

Point

・少人数でも、クラス全員でも楽しめますが、熱中すると転倒や衝突の危険性が高まるため、注意深く見守りましょう。帽子やしっぽのパーツが落ちると、踏んですべり、転倒につながりやすいため、すぐに拾いましょう。

・逃げてよい範囲は、子どもと話し合って決めることで、よりルールを意識できるようになります。

・どうすれば勝てるか、チームで話す機会を作りましょう。

数量や図形、標識や文字などへの関心・感覚
取ったしっぽを
数える

④ しっぽの取り合いの進み具合や、子どもの疲れ具合を見て、保育者が合図を出して終わりにする。
取ったしっぽの数をみんなで数える。

1、2、3……

10の姿の解説

健康な心と体

あそぶ場所の安全に気を配る様子や、しっぽを意識しながら逃げることで、自分の体の使い方、身に付けたしっぽの動きに気をつける様子に着目してあそびを見守ってみましょう。

協同性

しっぽが取られそうになっている子へ注意を促したり、仲間を応援したり、チームの勝ちを目指してあそびに参加する様子に、この姿の育ちを見ることができます。

数量や図形、標識や文字などへの関心・感覚

取ったしっぽの数を数えることで、数量への感覚が見てとれます。取った数を数える子や、取られたほうを数える子、どんな方法を取っているかなどにも着目したいですね。

3〜5歳児

ねらい
● 思いきり体を動かして、おにごっこを楽しむ。
● 異年齢の関わりを楽しんだり、協力したりする。

手つなぎおに

異年齢交流にぴったりの、手をつないで行うおにごっこ。
また一緒にあそびたい！とリクエストが出ることでしょう。

健康
人間関係
環境
言葉
表現

あそび方 | （準備するもの）　カラー帽子

① 年上の子の中から、3人ほどおにを決め、他の子は逃げる。おにだけ、帽子をカラーにする。

健康な心と体
身のこなしを工夫し、安全にあそぶことに気を配る

② おにに捕まった子は、おにと手をつないでおにになる。捕まった子の帽子はカラーにする。

道徳性・規範意識の芽生え
お互いの違いを意識し、思いやる

捕まえたから、手をつなごうね

キャー♪

保育者の声かけ　①

〇〇くん、とってもやさしいね。△△ちゃん、一緒にがんばってるね。

③ おにが4人になったら、2人ずつ、それぞれおにとして分かれる。

④ 1人を残して、おにになったところで終了。最後まで逃げ切った子がチャンピオン。

2人ずつになろう

待てー

待てー

ワァー！

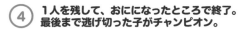

おめでとう！

すごい！

やったー！

保育者の声かけ ②

おにさんが協力しているね。どんな作戦なのかな？

Point

・おにのチーム、逃げる子のチーム、それぞれが協力して動けるような声かけを心がけましょう。

・逃げてよい範囲は事前にきちんと伝えるようにしましょう。人数を考えながら、少し規模を小さめに設定しましょう。

・異年齢交流の活動の前後は、お互いにきちんと挨拶をし、次回への期待につなげられるようにしましょう。

10の姿の解説

健康な心と体

年下の子に合わせて動く速さを調整するなど、手をつないで走る際の体の動きに配慮し、思いやる心の育ちが見られます。また、年上の子に憧れて、心と体を動かして充実感を味わう年下の子の姿にも注目しましょう。

道徳性・規範意識の芽生え

異年齢でのあそびでは、体格や運動能力の差を意識してあそぶ必要があります。事前に、安全にあそぶためのルールを伝え、子ども自身がそれを意識している場面を見逃さないようにしましょう。

4〜5歳児

かぶと取りジャンケン

かぶとを被って、ジャンケン大会。勝つと相手の持っているかぶとが自分のものに！
チームに分かれて、取ったかぶとの総数で勝ち負けが決まります。

健康

人間関係

環境

言葉

表現

あそび方 | （準備するもの）　新聞紙

新聞紙かぶとの作り方

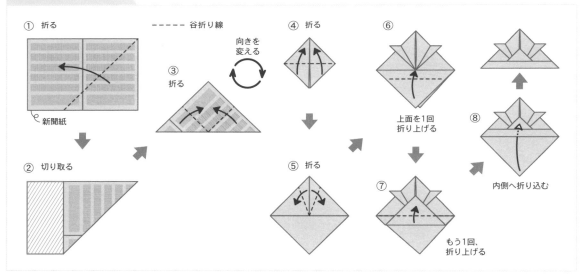

① 折る

- - - - - 谷折り線

③ 折る

向きを変える

④ 折る

⑥

上面を1回折り上げる

⑧ 内側へ折り込む

新聞紙

② 切り取る

⑤ 折る

⑦ もう1回、折り上げる

① 1人1つずつ自分が作ったかぶとを被って、2チームに分かれ、向かい合う。

② 「よーい、ドン！」の合図で、先頭の子が前に進み、両手でハイタッチをする。

協同性
チーム戦のあそびを
盛り上げようとする

保育者の声かけ

自分のチームの友達を、がんばれって応援しましょう！

③ 「かぶと取りジャンケン、ジャンケンポン！」で、勝った人が負けた人のかぶとを取り、列の横に並んでいく。

④ 列の最後の人までいったら終了。最後にチームごとに持っているかぶとの数を数えて勝敗を決める。

数量や
図形、標識や文字
などへの関心・感覚
かぶとの数や形に
関心をもつ

負けた〜！

やった〜♪

Point

・負けた子に対して、あたたかい言葉かけをできるよう、保育者が率先してプラスの声かけをしていきましょう。

・あそびに慣れてきたら、ジャンケンに勝った子がそのまま勝ち抜いてかぶとを総取りするルールにしてみると、最後まで勝敗のわからないゲームとなり、楽しめます。

・各チームにいくつのかぶとが渡っているか問いかけると、数への関心につながります。

10の姿
の解説

協同性

1対1のジャンケンのみで勝負するため、作戦を立てることが難しいあそびですが、チームで行う中で、友達を応援したり、励まされたりすることにうれしさを感じている子どもの姿に注目しましょう。

数量や図形、標識や文字などへの関心・感覚

かぶとの数を数えることで数量への関心を見ることができます。また、かぶとの形状に対しての気づきや関心を示す姿も見られます。この姿の育ちに関わるものとして注目してみましょう。

ハイ・イハ・ドン！

集中してかけ声を聞き、手を叩く、また叩かれないように素早く動く、スリルのあるあそびです。
子どもが声かけをするリーダーになって、みんなを楽しませる役割もできます。

健康

人間関係

環境

言葉

表現

あそび方

① 保育者が1名、あそびをリードする声かけ役になる。
子どもは2人1組で向かい合って、
結んだこぶしを交互に重ねる。

用意はいいですか？

ドキドキ！

② 「ハイ！」のかけ声のときは、
一番下にこぶしがある子が、
そのこぶしを、一番上に重ねる。

ハイ！

健康な心と体
手の動きを
調整する

③ 「イハ!」のかけ声のときは、一番上にこぶしがある子が、そのこぶしを、一番下に重ねる。

イハ!

④ 「ドン!」のときは、一番下にこぶしがある子が、素早く手を上にあげて、一番上にこぶしがある相手の手を叩く。相手は叩かれないように素早く手を引く。

ドン!

えいっ!

よっ!

協同性
ペアで一緒に
あそびを
盛り上げる

Point

・最初は、保育者がルールを確認しながら、声かけのリーダーをするとよいでしょう。慣れたら、子どもにリーダーの役割を任せてみると、子どもの間であそびが広がります。

・集中力が必要で、かけ声のたびに盛り上がりますが、慣れるまでに少し時間がかかります。最初は、保育者3人で手本を見せるとよいでしょう。

道徳性・規範意識の芽生え
おてつきを謝ったり、ゆるしたりする

⑤ かけ声役は「ハイ!」「イハ!」「ドン!」、それぞれのかけ声の順番を自由に組み合わせて言う。

（例）「ハイ→ハイ→ハイ→イハ→イハ→ドン!」

保育者の声かけ

リーダーの声をよく聞いてね。自分の手が下になったときは、「ドン!」で叩けるからね。

10の姿の解説

健康な心と体

耳で聞いて、言葉に合わせて素早く反応するこのあそびの中で、敏しょう性や、手の動きを自在に調節する身のこなしの育ちを見ることができます。

協同性

ペアであそぶうえで、お互いに気持ちを合わせながらも相手の隙をねらって、勝負するという場面があります。あそびを盛り上げ合う姿に着目して見守りましょう。

道徳性・規範意識の芽生え

あそびの性質上、自分のはやとちりで相手の手を叩いてしまうという場面もあります。そのとき、きちんとあやまったり、ゆるしたりの、お互いを思いやるやりとりを大切にしましょう。

4〜5歳児

ねらい
● 働く人について知り、興味・関心を深める。
● 友達同士で話し合い、考えを言葉にして伝える。

働く人にありがとうインタビュー

園生活を楽しく過ごせるのは、いろいろな人のお世話になっているからです。
どんな人がどんなことをしてくれているのか、インタビューしてみましょう。

健康
人間関係
環境
言葉
表現

あそび方 | （準備するもの） 手作りマイク（紙芯を利用して持ち手を作り、上に色紙を
丸めたマイクのヘッドを乗せて、ハンドマイクを作る）

（取材協力者への準備）
□ 事前に、園を通していつもお世話になっている人（絵本や給食の業者など）に、子どもたちとの
20分程度のふれあい時間をお願いする。
□ 子どもたちには「勤労感謝の日」や、身近な仕事についてふれ、いつもお世話になっている人が
園に来ること、お仕事の話を聞いてみたり、プレゼントを渡したりしよう、ということを伝える。

① 事前に、働く人にどんな質問を
してみたいかを、子どもたちと話し合う。

いつも園に絵本を持ってきてくれる人に、
何をインタビューする？

どこから
持ってくる
のかな？

だれが絵本
を作っているのかな？

② インタビュー当日、働く人を拍手でお迎えし、
「いつも〇〇してくれている、△△さんです」と紹介する。
ご本人にも、自己紹介をしてもらう。

こんにちは

いつも絵本を
みんなの所へ
届けてくれる、
〇〇さんです

こんにちは！

**社会生活との
関わり**
生活に関わる
職業の人と接し、
興味をもつ

③ **事前に話し合った質問を、子どもたちが1人ずつインタビュー形式で聞く。**

 保育者の声かけ ①

普段から、いろいろな人にお世話になっているんですね。「ありがとうございました」と、心から感謝の気持ちをもってお礼を言うことが大切ですね。

あの、いつも、絵本はどこから持ってくるんですか？

はい、それは……

 言葉による伝え合い
状況や相手に応じた言葉を使おうとする

④ **子どもたちから歌のプレゼントなどをし、お礼の挨拶をする。**

 保育者の声かけ ②

何かを作ったり、売ったりする人のほかにも、毎朝ご飯を作ったり、お掃除をしたり、お家のことをしてくれる人がいます。きちんと「ありがとう」を伝えたいですね。

Point

・園でも家庭でも、さまざまな人が役割を果たし、働いてくれていることで毎日の生活が成り立っています。感謝の気持ちを忘れずに過ごすことを、しっかりと子どもたちに伝えましょう。

・子どもたちがインタビューをする際は、楽しく行えるようにマイクを作るなどして、舞台を整えるとよいでしょう。

・日頃、園に出入りしていても子どもたちと直接関わることのない職種の人と接する機会を作ると、子どもたちはその人への親しみをもつようになります。そうしたふれあいを通じて、職業や社会の仕組みについて関心をもつきっかけになります。

 10の姿の解説

社会生活との関わり

園を通してお世話になっている人と関わる機会ができたことで、その仕事や製品に興味をもったり、働く人を気にしたりしているか、見守ってみましょう。後日、「この間は、来てくれてありがとうございました」など、その人に挨拶をする姿も見られます。

言葉による伝え合い

普段の生活の中で会話するのは、保育者や友達、家族ですが、日頃関わりのない「お客さん」が相手の会話には、いつもと違う様子が見られることも。子どもなりに言葉を選び、丁寧な言葉を意識しているなど、その姿に注目しましょう。

4〜5歳児

ゆかいなティッシュペーパーダンス

ふしぎふしぎ、ちぎったティッシュペーパーが、愉快にダンスを踊ります。
その仕組みに子どもたちは興味しんしん。空気が乾燥する秋〜冬におすすめです。

健康
人間関係
環境
言葉
表現

あそび方 | （準備するもの） クリアホルダー、ティッシュペーパー、空き箱

① 机の上に空き箱を置いて、ティッシュペーパーを1組取る。

② ティッシュペーパーを縦に
細長くちぎって、空き箱の中に入れる。

保育者の声かけ ①

紙には切れやすい「目」
がありますよ。縦と横、
どちらがやぶきやすい
か試してみましょう。

③ クリアホルダーを脇の下や
足の間などに挟み、前後に何回かこする。

保育者の声かけ ②

お洋服でしっかりと挟んで、何回も前・後ろにごしごし
動かすと、「静電気」というものが生まれます。

④ 空き箱の上にクリアホルダーをかざし、上下左右に動かすと、ティッシュペーパーがくっついてダンスを踊っているように見える。

思考力の芽生え
静電気がなぜ起こるのかを考える

⑤ 時間を置いて、クリアホルダーに何もせず、再度かざしてみる。④との違いを確かめる。

くっつかない

ゆらゆらする！

くっついた！

豊かな感性と表現
さまざまな発想で取り組む

自然との関わり・生命尊重
自然現象を体験し、興味をもつ

Point

・1、2月の空気の乾いた時期にあそぶと、大歓声が起こります。「やりたい！」という子が続出するので、じっくり観察・試行錯誤できるように、できれば1人1セットの用意ができるとよいでしょう。

・4歳児であれば5歳児に進級した6、7月ごろに、保育者が同じあそびをもちかけてみましょう。ティッシュペーパーはほとんど動きません。

・ティッシュペーパーのほかに、くっつくものはあるかを試してみましょう。

・子どもが発見したことを伝えてきたら、しっかりと受け止めて言葉を返すようにしましょう。

10の姿の解説

思考力の芽生え

自ら何度も体験する中で、静電気の存在や、目に見えない力の不思議さを感じます。「どうしてだろう？」という疑問をもち、何度も試そうとする姿が見られます。

豊かな感性と表現

「見て！ こんなにたくさんついた！」「くねくねダンス！」「チンアナゴみたい！」など、子ども間でさまざまな発見や感想のやりとりが見られます。子どもたち一人一人の表現を受け止めましょう。

自然との関わり・生命尊重

空気の乾いた冬にパチンと静電気が起こることは、子どもたちにとっては不思議な体験です。このあそびでも同じ静電気が働いているということを知り、好奇心や探究心をもっている様子を、よく観察しましょう。

3~5歳児

ねらい
●遠足ごっこを通して、遠足への期待感をもつ。
●交通ルールなどのきまりや、
遠足先で出会う人との関わり方を知る。

遠足ごっこ

遠足に向けて、期待感が高まりますね。
園舎内を巡って、遠足ごっこをしてあそびましょう。

あそび方

（準備するもの）　リュック（通園に使用しているものなど）、帽子、ビニールシートなど

① 遠足で楽しみにしていることを
保育者が質問し、
会話を楽しむ。

公園！

バスに
乗ること！

健康な心と体
遠足に
期待感をもち、
積極的にあそびを
楽しむ

② 子どもたちの意見をもとに、
園内のさまざまな場所を
巡って、遠足ごっこをする。

■ テラス
〈 道路に見立てる 〉

■ ホールの舞台階段など
〈 交通機関やアトラクション、
　建物の出入り口に見立て、園外の人の
　役をする保育者に挨拶をする 〉

道の
端っこに
行く！

運転手さん、
よろしくお願
いします！

**道徳性・
規範意識の
芽生え**
周囲の人や友達のことを
気にかけ、模範的に
行動しようとする

自転車が来たら
どうしますか？

**社会生活との
関わり**
公共の場や周囲の
人との関わりを
意識する

■ ホールなどの広い場所

〈 ビニールシートなどを敷き、原っぱに見立てる 〉

広い芝生に寝転がって休憩です。気持ちいいですね！

環境作り

・職員全員にこのあそびの内容を事前に周知しておき、「行ってらっしゃい！」「○○組さん、ちゃんと歩けていてかっこいいね」などと声かけをしてもらうようにします。
・遠足の行き先の写真や地図、パンフレットなどを、自由に見られるように保育室に置いておくと、子どもたちの期待感が高まります。

〈 イスを置いてバスに見立てる 〉

自分の席に座ってくださいね。

運転席　通路

Point

・すべてを再現するのではなく、子どもたちの期待の高いことを盛り込みましょう。

・合間に、交通ルールや公共の場での振る舞い方を意識できる内容を入れてみてもよいでしょう。信号の代わりに旗揚げゲームで赤・青を切り替え、あそびながら交通ルールを学んでも楽しめます。

・遠出や公共交通機関を使うことへの不安を、あそびで期待に変えていけるようにしましょう。

10の姿の解説

健康な心と体

保育者から聞いた遠足の内容をイメージし、遠足の流れの見通しをもったり、安全について意識したりする様子が見られます。遠足に期待感をもって、積極的にあそびに参加します。

道徳性・規範意識の芽生え

広がらないように手をつないで歩くことを意識したり、列から外れてしまった子に声をかけたりと、周囲の人や友達を気にかけ、模範的に行動しようという気持ちに注目してみましょう。

社会生活との関わり

いろいろな人と挨拶を交わしたり、自分たち以外の人や車などを想定した歩き方をしたりと、公共の場所をイメージして、社会の中での振る舞いを意識する姿が見られます。

ねらい
● おそうじに興味や関心をもって、楽しむ。
● きれいになってうれしいという達成感を得て、次回への期待感をもつ。

おそうじごっこ

年末や、雨が長く続いて体が十分動かせないときなどに、
おそうじごっこを楽しみましょう。

健康
人間関係
環境
言葉
表現

あそび方 | （準備するもの）子どもが使いやすいぞうきん、ほうき、ちりとり、バケツ、小型ブルーシートなど

① あそびの1週間ほど前から、大そうじを行うことを予告しておく。

今年ももうすぐ終わりです。
みんなで、お世話になった
お部屋や靴箱を、
きれいにしましょう。

は〜い

健康な心と体
きれいになる
心地よさを
感じる

Point

・2〜3日かけて、少しずつ、床・ロッカー・窓・おもちゃ・靴箱のそうじの仕方を実際にやってみせるなど、興味をもてるように伝えていきましょう。まずはぞうきんの乾拭きであそんで慣れるのがおすすめです。

・慣れてきたら、水拭きに挑戦します。5歳児の場合は、ぞうきん絞りをやりたがる子がいたら、手本を見せて、挑戦できるように援助しましょう。

・大そうじをする、という感覚で始めるのではなく、ごっこあそびの延長のようにしてみましょう。きれいになったことを喜ぶ様子が見られたら、大いに共感しましょう。

② 窓→ロッカー→おもちゃ箱→床、というように、保育者がそうじする場所や順番を伝え、子どもたちにそうじ道具を配り、そうじごっこを始める。

自立心
役割を見つけ、自発的に取り組む

協同性
共通の目的をもって協力する

保育者の声かけ ①

お部屋に、「ありがとう」の気持ちを込めて、みんなの元気パワーできれいにしましょう。

③ きれいになったら、一日の終わりの時間に、みんなで感想を言い合う。

ピカピカになったね！

気持ちいいね！

保育者の声かけ ②

みんなのパワーはすごい！ とてもきれいになりました。きっとお部屋もおもちゃも、喜んでいますね。

環境作り

子どもがゴミやよごれに気づいたときに、自発的にそうじができるよう、子ども用のそうじ道具などを保育室に設置しておくとよいでしょう。

10の姿の解説

健康な心と体

自分たちの部屋がきれいになると気持ちがいい、という感覚は、健やかな生活を送るうえでとても大切なことです。その感覚に着目して、子どもの様子を見守りましょう。

自立心

身近な環境をきれいにする喜びや楽しさを感じる経験を通し、それぞれ自分の役割を見つけ、率先して動く姿が見られます。子どもが自発的に動いたときは、しっかり認めていきましょう。

協同性

共有スペースをみんなできれいにするという目的をもって意欲的に取り組む姿は、協同性の育ちの表れです。声をかけ合い、それぞれの役割を意識している様子も観察してみましょう。

4～5歳児

ねらい ● いろいろな形や大きさに興味・関心をもつ。
● グループで協力して、一つのものを作ることを楽しむ。

空き箱積みあそび

生活の中で集まった、大小さまざまな空き箱を使います。
積み木のように組み合わせ、組み立て（構成）あそびを楽しみましょう。

健康
人間関係
環境
言葉
表現

あそび方 ｜ （準備するもの） いろいろな大きさの空き箱（例：お菓子、ティッシュペーパー、段ボール箱）、テープ類

① 集まった箱を床に広げ、どんな箱があるのか観察する。

いろいろな形や大きさがあるね

持ちやすい

なんの形だろう

大きい！

② グループに分かれ、何を作るか、その大きさによってどんな箱が必要かを、話し合う。

お城はどうかな？

大きい箱と長い箱を使ってできそうだね

思考力の芽生え
よりよい方法を考え、試行錯誤する

協同性
グループで話し合い、力を合わせて作りあげる

③ イメージに沿って、箱を積み上げていく。

あと一つ、これが
欲しいな

つなげて
みよう

数量や
図形、標識や文字
などへの関心・感覚
作りたいものに
合わせて箱の形や
数を工夫する

保育者の声かけ ①

> 上手に積める方法はあ
> るかな？　お友達と相
> 談してみよう。

④ 出来上がったら、各グループで見せ合い、
工夫したところやそれぞれのよいところを話し合う。

すごい！
高いね！

保育者の声かけ ②

> 今度あそぶときには、どんなも
> のを作りたいか、設計図を描い
> てみるのもいいですね。

Point

- どんな箱がどのくらい必要かも考えてみるように伝えます。いきなりうまくはいきませんから、何度か同じテーマであそんで、イメージの共有が図れるようにしましょう。
- 作りたいものや、必要なものを相談する場面では、保育者にもどんどん相談するように伝えましょう。
- いろいろなアイディアを出し合い、うまくいかなかったときには、次に別の方法を試してみる、ということを促してみましょう。
- 出来上がったものは、写真に残しておくと、子どもたちの満足感につながることに加え、保育者側の記録にもなります。
- 箱集めは家庭にもお願いをして、最小〜最大のサイズと用途を伝えて集めましょう。集まってきたら、子どもたちに箱の形や大きさ、色の豊かさなどを見せ、話題にしながら、あそびへの期待を高めましょう。金具が付いていないかなど、安全面のチェックも忘れずに。

10の姿の解説

思考力の芽生え

グループでいろいろなアイディアを出し合う中で、いくつかのことを試してみて、その中から一番よい方法を選び、次にあそぶときには、別の方法を試してみる。その姿に、思考力の育ちを見ることができます。

協同性

グループで話し合い、作りたいものを決定します。みんなで同じ目的をもって協力するために、話し合いの時間を経て、自分の思っていることを仲間に伝えることの大切さを知るようになっていきます。

**数量や図形、標識や
文字などへの関心・感覚**

いろいろな形や大きさの箱を使うことで、どの形ならいくつ積めるのか、作りたいものに必要なのはいくつの箱で、どの形かなど、形や数量について子どもたちが思案します。その様子に注目してみましょう。

ねらい
- 水が出る量を調節したり、ラインを意識したりしながら、何度も水まきに挑戦することを楽しむ。
- 水の感覚や、水まきでできた形を楽しむ。

ラインを引いてあそぼう！

保育者がライン引きで描く白線に沿って、
ラインを踏まないように水をまきます。どこまで続くのかな？

健康
人間関係
環境
言葉
表現

あそび方

（準備するもの）　ライン引き、紙パック（500㎖）、目打ち

紙パック水入れの作り方

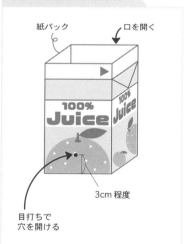

紙パック
口を開く
100% Juice
3cm 程度
目打ちで
穴を開ける

① 保育者が園庭にライン引きでラインを引く。

② 子どもは紙パックに水を入れ、手で穴をふさいでラインのそばまで行く。

いっぱい水を入れるとどうなるかな？

保育者の声かけ ①

パックの一番上まで水を入れるとどうなるかな？

③ 穴から手を離して水を出し、ラインを水の線でたどる。紙パックの水がなくなったらまた水を入れ、繰り返してあそぶ。

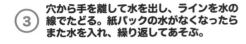
思考力の芽生え
水の動きを観察して、試行錯誤する

保育者の声かけ ②

見て見て！ 先生とみんなでかいたこの線、何に見えるかな？

ヘビみたーい！

自立心
自発的に動き、自分なりにあそびを楽しもうとする

ゆっくり流すと、線をたどりやすいね

豊かな感性と表現
あそびの中でイメージを豊かにする

Point

・夏期におすすめのあそびですが、帽子を着用し、水分補給を忘れず、適切な時間で終了するようにしましょう。

・保育者が描く線は、複雑なほうがおもしろくなります。子どもたちの発達に応じて、難易度を変えてみましょう。

・水を入れる量で、水の出方がどう変わるかや、線の引きやすさの違いに子どもが気づけるように声かけをしてみましょう。

環境作り

バケツを複数にして、多めの水を用意しておき、子どもが自分で考えて水を補充できるようにしましょう。保育者の見守りのもと行い、終わったらバケツの水は捨てます。

10の姿の解説

思考力の芽生え

たくさん水を入れて、歩いていく途中で水がこぼれたり、穴からの水の出方が悪くなったりすることを経験しながら、水の量を工夫したり、紙パックの持ち方を変える様子に注目して見守ります。

自立心

水が少なくなったことに気づき、自ら近くのバケツにくみに行ったり、線のたどり方を自分なりに道筋を立てて考え実行したりと、自分で考えて行動する様子も、自立心の芽生えです。

豊かな感性と表現

シャワーのように水を出したいので穴をたくさん開けたい、ヘビみたいなラインを引いてほしい、など、子どもたちなりのイメージを受け止め、創造性の育ちをとらえましょう。

4〜5歳児

雨上がりの園庭を散歩する

雨の日に園庭に出てみると、
きっと新しい発見や気づきがたくさんあることでしょう。

健康
人間関係
環境
言葉
表現

あそび方

① **長靴をはいて、ゆっくり
園庭のすみからすみまでを散歩する。**

あっ! しずくに、
向こうのお家が
逆さまに映ってる!

葉っぱの裏に
カタツムリが
いたよ!

保育者の声かけ ①

鉄棒に付いているしずくをよく見てみて! 何が見えますか?

< 活動の例 >

・水たまりがある所とない所を探す。

・水たまりにそっと入り、深さを調べる。

・花壇の様子を見る。
（元気に見える植物、くたっとしている植物、変わらない植物）

・鉄棒やうんてい、すべり台の様子を見る。

・カタツムリやカエル、アリやダンゴムシなど、
生き物を探す。

**自然との
関わり・生命尊重**
自ら興味をもって
自然にふれ、
観察する

Point

・子どもの気づきや興味・関心によく目を配り、子どもの発言を受け止めて広げましょう。

・雨の日の環境（水たまりや、濡れた遊具）だからこそできるあそびを、子どもたちと一緒に考えてみましょう。

・発見した生き物や、晴れの日との違いなど、不思議に思ったことはみんなで話し合ったり、図鑑で調べたりして、経験と知識が結びつくように援助しましょう。

・子どもたちが感じたこと、気づいたことを描画で表現してみてもよいでしょう。細かくメモのように描く子、感じ取ったイメージを表現する子、さまざまな姿が見られます。

・生き物にふれる際には、安全・衛生面などに十分注意します。また、触った手はそのまま目や口に運ばないように気をつけて、必ずすぐに石鹸で手を洗うようにしましょう。

思考力の芽生え
目の前の現象について疑問をもち、考えようとする

② 子どもたちの気づきや、保育者が伝えたいものなどが見つかったら止まって、みんなで観察してみる。

ブランコの下だけ、水たまりがある！

大きい水たまり！

ここ、深いよ！

葉っぱがピカピカしてる！

③ 発見したこと、おもしろかったことについてみんなで話し合う。

言葉による伝え合い
発見の感動を言葉で伝えたり、共感したりする

カタツムリを見つけたけど、逃がしてあげた！

水たまりがある所と、ない所があったね

保育者の声かけ ②

水たまりがすごく深い所があるね。どうしてだろう？

10の姿の解説

自然との関わり・生命尊重

雨上がりの身近な自然とふれあい、のびのびとあそぶ中で、一人一人が、自発的に興味をもって関わっている姿をよく観察し、それぞれの育ちをとらえていきましょう。

思考力の芽生え

雨のしずくに映る景色がなぜ逆さまなのか、植物の様子がそれぞれなぜ違うのか、水たまりの有無や深さの違いなど、それぞれの発見に思考を巡らせる様子に目を向けましょう。

言葉による伝え合い

子どもたちは、雨上がりの新鮮な発見を、自分なりに言葉にして表現します。友達に伝えて喜んでいる姿、共有・共感して同じ発見を一緒に楽しむ姿、それぞれの様子をよく観察しましょう。

ねらい
● 飼育動物に関心をもってふれあう。
● 動物の健康について話を聞いたり、
　話し合ったり、調べたりする。

はっぴーくん 元気?

園で飼育している小動物に関心をもち、
やさしい気持ちでふれあって楽しみます。

健康
人間関係
環境
言葉
表現

あそび方

① あそびに出かける前などに、飼育動物とふれあう。

保育者の声かけ

はっぴーくん、元気にしている？　みんな、○○ぐみさんで公園に行ってくることをお話ししていきましょう

はっぴーくんに
ごあいさつしていこう

**道徳性・
規範意識の
芽生え**
動物との適切な
関わり方を
意識する

はっぴーくん、
公園
行ってくるね！

お水
飲んでね

はっぴーくん
1さい おとこのこ

② 飼育動物の細かな世話について、保育者や詳しい大人に話を聞いたり、図鑑で調べたりする。

はっぴーくんは、具合が悪くなったら動物病院に行くよ

動物は、ぼくたちと違う病院なんだ！

ウサギってどんなご飯を食べるんだろう

自然との関わり・生命尊重
動物に興味をもち、動物の気持ちになって考える

社会生活との関わり
動物病院などの機関を知り、興味をもつ

Point

・動物の飼育は、園で共通のルール（飼い方）を決めておかないと、動物の命を縮めてしまうことにもなりかねません。保育者が中心となり、しっかりと飼育しましょう。

・お世話係を決め、動物にとって心地のよい生活ができるための関わり方について、子どもたちと話し合う機会を作ります。

・活動の合間に、保育者が飼育動物を気にかける姿を見せ、声をかけるなど行動に出すことで、子どもたちの関心を促してみましょう。

環境作り

動物の図鑑や、飼育方法の絵本など、飼育している生き物に関する情報を保育室に常設しておくと、子どもたちが自発的に調べることができます。

10の姿の解説

道徳性・規範意識の芽生え

動物とふれあう中で、よかれと思って行ったことが動物にとっては脅威となることもあります。保育者は、動物の生態についてしっかり伝えましょう。動物の気持ちに気づき、どう関わるべきかを考える姿が見られます。

自然との関わり・生命尊重

自然の生き物や、園の飼育動物などに興味や関心をもつのはとても大切なこと。動植物とふれあうことで、動物の気持ちに寄り添う気持ちが培われます。子どもたちの動物への言動をよく観察してみましょう。

社会生活との関わり

動物病院や獣医さんの存在、そこで動物たちがどんなケアを受けているか（ウサギは歯が伸びたら切ってもらうなど）を知ることで、子どもたちの世界が一つ広がります。また、さまざまな職業の人が身近な存在になる機会にもなるでしょう。

4〜5歳児

つながりうたあそび

「こんぺいとうはあまい、あまいはさとう……」という、
なつかしいわらべうたを、自分たちで楽しくアレンジしてあそんでみましょう。

健康　人間関係　環境　言葉　表現

あそび方

（準備するもの）　ホワイトボードとホワイトボード用のペン（または黒板とチョーク、模造紙とペン）

① 最初のお題となる言葉を保育者が出す。
言葉のつながりを探し、歌を続ける。

> "リンゴ"で
> スタート！
> リンゴは、赤い！
> 赤いは？

思考力の芽生え
言葉の意味を考え、ものとものの共通点を探す

② できた歌詞を、保育者がホワイトボードなどに書きおこす。

あかい
りんご → きんぎょ

赤いは、
金魚！

（例）

♪ りんごはあかい→あかいはきんぎょ→きんぎょはおよぐ→およぐはさめ→さめはこわい→こわいはおばけ→おばけはよるでる→よるでるはおつきさま→おつきさまはひかる→ひかるはカメラのフラッシュ　ピカ！

怖いは……
おばけ！

ライオンも
怖いね

カメラの
フラッシュ
ピカ！

協同性
友達と協力して
歌をつなげよう
とする

③ 子どもたちの意見を取り入れながら、歌を完成させる。

カメラのとき、
「ハイ、チーズ」の
言葉も入れたい！

写真を撮るとき、
言うもんね。
いいアイディア！

保育者の声かけ

○○ちゃんから、すてきなアイディアが出ました。みんなでやってみましょう！

**言葉による
伝え合い**
知っている
言葉を使って
あそぶ

環境作り

ものとものの共通点を理解できるように、「赤いもの」「大きいもの」などのグループ表や、仲間分けカードなどを保育室に用意しておくとよいでしょう。

Point

・最初は、保育者があそびをリードします。

・歌は、保育者が子どもたちの発想を生かし、臨機応変に締めくくります。最後にオチとなる擬音をつけるとまとまります。

・出来上がった歌は、大きな紙などに書きうつしておくと、継続して楽しめ、みんなで協力して作ったクラスの財産となります。

・2回目からは「つながりうたパート2」など、タイトルをつけて、あそびそのものの期待感を高めるのもよいでしょう。

**10の姿
の解説**

思考力の芽生え

つながりうたでは、言葉同士の共通点を見出していきます。異なる2つのものを比べ、共通することがらを探しだすという思考の過程を、一人一人よく観察しましょう。

協同性

友達と協力してたくさん言葉をつなげようとする姿に、その子なりの育ちが見られます。出来上がったつながりうたに愛着を感じ、一緒にあそぶ楽しさが深まります。

言葉による伝え合い

どれくらいの言葉を獲得し、あそびの中で引き出して使っているかに注目します。できるできないではなく、それぞれの以前からの育ちを、よく見てみましょう。

3〜4歳児

お家にあるもの集め

みんなでいろいろな言葉を集めてみましょう。
ちょっとした時間でも、手軽に楽しくできるあそびです。

健康

人間関係

環境

言葉

表現

あそび方

① 家にあるものを思い出す。最初は、保育者が手本として例を挙げる。

保育者の声かけ ①

玄関や台所にもいろいろなものがありますね。

お家にあるものはなんでしょう。
例えば……お布団！

お布団、お家にある！

あるよ！

思考力の芽生え
テーマに合った内容を考え、思考を巡らせる

② 家にあるものを挙げていく。

ハイ！
自転車！

ハイ！
テレビ！

③ あそびに慣れてきたら、
形（丸、三角、四角など）や色、食べ物など、
テーマを決めてあそぶ。

みんなのお家にある「くだもの」は
なんでしょう？

**言葉による
伝え合い**
自分なりに
言葉で意見を
伝える

ハイ！
イチゴ。
すごく甘いよ！

ハイ！
パイナップル。
大きいの！

 保育者の声かけ ②

またあそびましょう。お家に何があるか、よく見てみてくださいね。

Point

・最初はみんなが答えやすいテーマ（家具など）であそんでみましょう。

・毎日少しずつ積み重ねて行うことで、子どもたちが、生活環境に興味をもつ
きっかけになります。

・たくさん集めることを目的とせず、言葉集め自体の楽しさを感じられるように
します。挙げた内容がかぶってしまっても、きちんと受け止めましょう。

・「玄関や台所にもいろいろなものがありますね」などのヒントを伝えると、子
どもがものを思い浮かべやすくなります。

環境作り

家電や生活に関するものな
どの、新聞広告などのイラス
トや写真を保育室に飾っ
ておくと、子どもたちのイ
メージがふくらみます。

 **10の姿
の解説**

思考力の芽生え

友達の発言から刺激を受け、自分の家にあるものは何か、
考えをめぐらせます。テーマを聞いてどんどん発言する
子、じっくり考えこむ子、友達の発言を受けて、いろ
いろなものを連想する子、それぞれの取り組み方に注目し
ましょう。

言葉による伝え合い

自分の意見を言葉にしようとする姿に注目して、育ちを
とらえましょう。簡単な言葉あそびですが、自分の発言
が受け入れられ、みんなが楽しんでくれることは自信に
つながります。発言が苦手な子も、自分なりに言葉を探
ろうとする意欲を見逃さないようにしましょう。

ねらい　●ルールを理解して楽しむ。
　　　　●あそびの楽しさを経験し、友達や家族とあそんでみる。

早終わりしりとり

しりとりあそびの楽しさが十分にわかってからあそびましょう。
いちばん早く「ん」で、終わらせた人の勝ちです。

健康
人間関係
環境
言葉
表現

あそび方 ｜ （準備するもの）　ホワイトボードとホワイトボード用のペン（または黒板とチョーク、模造紙とペン）

① **普通のしりとりをしてあそぶ。**

しりと「リ」！

「リ」す！

数量や図形、標識や文字などへの関心・感覚
文字への感覚が高まり、使いこなそうとする

自立心
試行錯誤しながら、自分の力でやりとげようとする

② **「ん」で終わる言葉を探してみる。**

「ん」で終わる言葉、何があるでしょう？

例えば……
やか「ん」！

きり「ん」！

あっ、みか「ん」！

🧑 **保育者の声かけ　①**

「パンダ」には「ん」が入っていますね！　でもこれは、「ん」が真ん中にあります。「ん」が、「パン」のように最後にくる言葉を考えてみましょう。

・普通のしりとりあそびをたくさんあそび込んだ子どもたちに提案すると、盛り上がります。

・子どもの言葉への興味を高めるために、子どもから真ん中に「ん」が来る言葉が出たら、あえてストップをかけ、「ん」の位置についてふれてみてもよいでしょう。

・子どもたちの気づきがプラスになるように丁寧に拾い上げ、発言する楽しさを感じられるようにします。

環境作り

このあそびの中で出てきたしりとりを書いて保育室に掲示してみると、後で新たな発見があるかもしれません。文字とイラストがセットになったものや、「ん」で終わる言葉を集めたものなど、言葉の表をはっておいてもよいでしょう。また、言葉あそびの絵本や絵カードを置いて、言葉への興味・関心を高めましょう。

③ しりとりをして、出た言葉をホワイトボードなどに書き出す。最初に「ん」で終わる言葉を見つけた子の勝ち。

「ん」がついたね！○○ちゃんの勝ち！

やった！

しりとり→りす→すいか
→かみ→みかん

他にも最後に「ん」がつく言葉はあるかな？

保育者の声かけ ②

ほかにも最後に「ん」がつく言葉があるかな？探してみましょう！

言葉による伝え合い
自らのひらめきを、友達や保育者に言葉で伝える

10の姿の解説

数量や図形、標識や文字などへの関心・感覚

文字そのものへの興味が、このあそびを楽しむ姿につながります。ホワイトボードなどにしりとりの文字を書きながら進めましょう。子どもたちと確かめ合いながら、一人一人の関心のもち方を感じましょう。

自立心

友達に刺激を受け、自分の力で言葉を探したい、と試行錯誤する姿が見られます。うまくいかないことも経験しながら、自分も言葉を見つけたいとチャレンジする姿をとらえましょう。

言葉による伝え合い

自分が言いたかった言葉、あそびが終わってから気づいた言葉などを、友達や保育者に伝える姿に注目しましょう。「大発見！ 次のときに使えるね！」と子どもの発言を取り上げると、うれしそうな表情が見られます。

4～5歳児

絵かきうたあそび

数字が「あっという間に」いろいろなものに変化する、絵かきうたです。
何が描けるかはお楽しみ！

健康
人間関係
環境
言葉
表現

あそび方 ｜ （準備するもの） ホワイトボードとホワイトボード用のペン（または黒板とチョーク）、クレヨンや水性カラーペン、紙

すきま時間などに、保育者が「絵かきうた」を歌いながら
ホワイトボードなどに大きく描いてみせる。やさしい内容のものからスタート。
興味をもった子が自分で描いて楽しめるように、紙と描画材も準備しておく。

保育者の声かけ

何回でも描けますから、
失敗してもいいですよ。

〈 いっちゃんが 〉

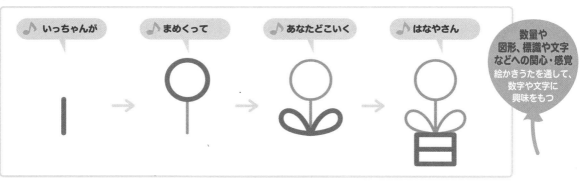

♪ いっちゃんが → ♪ まめくって → ♪ あなたどこいく → ♪ はなやさん

数量や図形、標識や文字などへの関心・感覚
絵かきうたを通して、数字や文字に興味をもつ

〈 にいちゃんが 〉

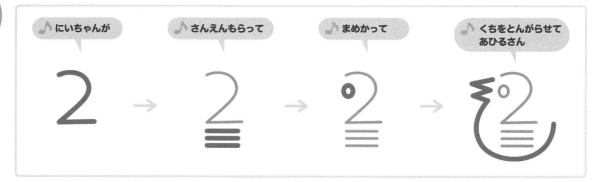

♪ にいちゃんが → ♪ さんえんもらって → ♪ まめかって → ♪ くちをとんがらせてあひるさん

〈 さんちゃんが 〉

♪さんちゃんが → ♪さんえんもらって → ♪まめかって → ♪あっというまに たぬきさん

言葉による伝え合い
友達と教え合ったり、感想を伝えたりする

〈 おさるさん 〉

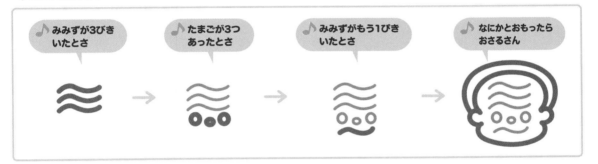

♪みみずが3びきいたとさ → ♪たまごが3つあったとさ → ♪みみずがもう1ぴきいたとさ → ♪なにかとおもったらおさるさん

2がかわいいアヒルになった！

Point

メロディーのない絵かきうたで、誰でも簡単に、表現ができます。子どもたち一人一人の表現をしっかりと受け止めましょう。

環境作り

子どもの「もっとやりたい」という気持ちに応えられるように、紙とペンを自由に使える場所に設置しておくとよいでしょう。じっくり取り組める環境を用意し、近くに絵かきうたのサンプルを描いてはっておくのもおすすめです。

10の姿の解説

数量や図形、標識や文字などへの関心・感覚

楽しくあそびながら、文字や数字に興味をもつ姿が見られます。絵かきうたを通して、文字のつくりや数に興味を示し、気づき、楽しむ様子に注目して、育ちをとらえてみましょう。

言葉による伝え合い

子ども同士、わからなかった箇所を教え合ったり、お互いの絵をほめ合ったりできるよう言葉をかけましょう。その子どもなりに説明や感想を言葉にして伝える様子を見ることができます。

3～4歳児

当てっこあそび なんの音?

「この音 なんの音?」と
子どもたちに問いかけてあそびましょう。

健康
人間関係
環境
言葉
表現

あそび方 | (準備するもの) 新聞紙

自立心
自らクイズに
挑戦
しようとする

「この音 なんの音?」のフレーズの後、生活の中で耳にしているいろいろな擬音を
クイズにして保育者が出す。子どもは保育者のしぐさなどをヒントにしながら当てる。

〈 クイズ 〉

この音 なんの音?
ピンポーン

① **人さし指でチャイムを
押すしぐさをしながら「ピンポーン」**

　　答え：玄関のチャイムの音

この音 なんの音?
ピーポーピーポー

② **「ピーポーピーポーピーポー」**

　　答え：救急車

この音
なんの音?
チョキチョキ

ハーイ!

③ **「チョキチョキチョキチョキ」**

　　答え：はさみで切る音

〈曲を使ったアレンジ 〉

**保育者が後ろを向き、
口笛で子どもたちの好きな歌を奏でる。**

答え：口笛（または曲名）

保育者の声かけ ①

みんなで一緒に、この音がな
んの音か言ってみましょう!

※保育者は後ろを向く。

この音 なんの音?
みんなの大好きな歌だよ!

〈 ものを使ったアレンジ 〉　　ものを使って音を出し、『どんな音？』を言い合う。

（例1）紙をやぶくとどんな音でしょう？
（例2）紙を丸めるとどんな音でしょう？

やぶく音は
どんな音かな？

ビリビリ

やぶく音は
ビリビリ？

丸めるときは
グシャグシャ！

思考力の
芽生え
自分の知識や
経験から
答えを探す

社会生活との
関わり
身の回りの生活を
思いおこす

Point

・ゆったりとした時間のあそびにおすすめです。

・正解、不正解にこだわらず、子どもの発言をしっかりと受け止めることで、クイズに参加したい、自分も答えを言ってみたいと思う意欲につながるでしょう。

・クイズを通し、身の回りの音への興味を促すことで、園内でさまざまな音を探してみるなど、あそびが広がります。実際に鳴らした音をクイズにしてもよいですね。

保育者の声かけ ②

みんなの身の回りには
どんな音があるかな？
一緒に探してみましょう！

**10の姿
の解説**

自立心

クイズに答えようとする積極的な姿勢や、自分なりの経験や知識を使って答えを考える姿、答えられずに悔しがる様子が見られます。能動的に物事に取り組もうとする自立心の表れとして認めていきましょう。

思考力の芽生え

話を聞いて、内容を理解し、自分の記憶や経験から答えを導きだす様子に注目して、子どもたちがどのように思考しているのかを観察しましょう。

社会生活との関わり

このあそびで、身の回りの音に考えをめぐらせます。玄関のチャイムやサイレンなど、生活の中で聞こえてくる音やその発信源に興味をもてたか、または日頃関心をもって受けとめているかに着目してみましょう。

ねらい
● 言葉のおもしろさに興味をもつ。
● 友達の意見に耳を傾けたり、自分の意見を言ったりする。

「みっけ！」同じ言葉集め

生活の中にある、同じ音で意味の異なる言葉を見つけてみましょう。
絵を描きながらあそぶとよりおもしろくなります。

健康
人間関係
環境
言葉
表現

あそび方

（準備するもの）　ホワイトボードとホワイトボード用のペン（または黒板とチョーク）

① 季節や生活の中で、子どもたちが興味を
もったもの（同音異義語をもつもの）を、
保育者がホワイトボードに描く。

> 昨日、雨が降りましたね。
> 雨の後、「虹」が見えましたよね。

にじ

② ①の言葉について、
保育者から子どもに問いかける。

> そういえば、みんなが
> 帰りのお仕度をするのは
> 何時でしたか？

ヒント！

何時
だろう

**思考力の
芽生え**
同じ音をもつ
言葉を
探そうとする

**数量や
図形、標識や文字
などへの関心・感覚**
同音異義語への
関心をもつ

③ 2つの言葉を書いて紹介する。

> 虹と2時、同じなのに意味が違いますね！

にじ

本当だ！
他にもあるかな？

④ 他にも同音異義語があるか、保育者から子どもに問いかけ、
子どもが思いついたものをホワイトボードに書いていく。

保育者の声かけ

身の回りで、いろいろなもの
を探して、教えてくださいね。

雨とアメも一緒
だよね！

降ってくる雨と、
お菓子の
アメだよね！

**言葉による
伝え合い**
あそびの中での
発見を自分の
言葉で伝える

Point

さまざまなヒントを出して、クイズ形式で楽しむことから始め、子どもたち自
身の気づきにつながるようにしましょう。

同音異義語の例	虹が出る前に降る雨 ················ なめるお菓子の飴
	くだものの柿 ···················· 貝の牡蠣
	流れる川 ························ くだものの外側などの皮
	顔についている鼻 ················ 咲いている花
	食べるときに使う箸 ·············· 渡る橋

環境作り

子どもたちが視覚的
に、それぞれの言葉
と、それが示すもの
（こと）を理解でき
るように、絵を描い
たり写真を準備した
りしましょう。

**10の姿
の解説**

数量や図形、標識や
文字などへの関心・感覚

同じ音の言葉を並べる楽しさを感じ
ることで、言葉がどんな文字で構成
されているのかを意識するようにな
り、文字そのものへの興味にもつな
がります。

思考力の芽生え

同じ音をもつものを探し、集めるこ
とで、言葉のおもしろさに気づきま
す。すると、他にどんな言葉がある
のか考え、見つけることの喜びを感
じる姿が見られます。

言葉による伝え合い

見つけた同音異義語を、保育者や友
達に伝えようとします。それぞれど
んなもの・ことなのかを、子どもな
りの言葉で説明しようとする姿に着
目しましょう。

ねらい
● ペープサートを見て、その仕組みに興味をもったり、
不思議さを味わったりする。
● 秋の味覚について話し合い、食材への興味を深める。

おいしい秋 みつけたよ

「おいしい秋 みつけたよ」と歌い、問いかけながらあそびます。ペープサートの持ち手部分を両手で
挟んでクルクル回すと、おいしそうな秋の味覚が。子どもたちも自分で挑戦できます。

健
康

人
間
関
係

環
境

言
葉

表
現

あそび方 ｜（準備するもの）　ペープサート（画用紙、割り箸）、
画用紙を2つ折りにして留めて作ったケース

型紙あり
P126

ペープサートの作り方

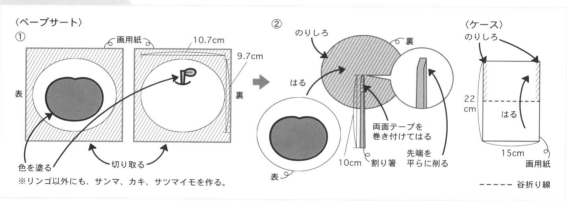

〈ペープサート〉
① 画用紙　10.7cm
9.7cm
表　裏
色を塗る　切り取る
※リンゴ以外にも、サンマ、カキ、サツマイモを作る。

② のりしろ　裏
はる
両面テープを
巻き付けてはる
10cm　割り箸
先端を
平らに削る
表

〈ケース〉
のりしろ
22
cm　はる
15cm
画用紙
----- 谷折り線

① ケースから、裏面を見せるようにして
1本取り出す。

さて、これはなんでしょう？

② ケースを置き、ペープサートを利き手に持ちかえて、
「おいしい秋　みつけたよ」を歌いながら、
ゆっくり左右に揺らす。

♪ みつけたよ
みつけたよ
おいしいあき
みつけたよ

③ 割り箸部分を両手でこすりあわせ、
「くるくるくるくる……」と言いながら回す。
子どもたちの反応を受け、区切りの
よいところで答えを発表する。

♪ くるくるくるくる……
　なかな

保育者の声かけ　①

赤いものが見えますね。
くだものかな……？

**自然との
関わり・生命尊重**
秋の実りの
豊かさを知り
興味をもつ

④ 表面と裏面を
子どもたちにそれぞれ見せ、
ペープサートの仕組みを説明する。

※他の絵人形も同様に行う。

保育者の声かけ　②

どうしてこういうふう
に見えるのかな？

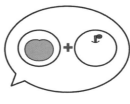

**思考力の
芽生え**
ペープサートの動きの
仕組みに興味をもって、
試し、理解しよう
とする

おいしい秋 みつけたよ

作詞・作曲／阿部　恵

軽快に楽しく

み つ け た よ　み つ け た よ　お い し い あ き　み つ け た よ

く る く る く る く る　く る く る く る く る　な に か な（く る く る く る く る…）

Point

・秋の味覚について、子ども
たちと話し合っておくと、
ペープサートでの問いかけ
が盛り上がります。

・自分でも作ってみたいとい
う意欲が見られるかもしれ
ません。すぐに対応できる
ように、あらかじめ素材を
多めに準備しておくとよい
でしょう。

・ペープサートを子どもが扱
う際は、保育者の見守りの
もと行いましょう。

**10の姿
の解説**

自然との関わり・生命尊重

ペープサートのモチーフが、すべて秋の食べ物であるこ
とを改めて意識する中で、この季節の実りの豊かさに気
づき、自然への興味につながっているかに注目します。

思考力の芽生え

絵が1つに見えることに興味をもち、よく観察し、自ら積
極的に実践してみようとします。友達に仕組みを説明す
る子どももいるでしょう。それは、科学する心の芽です。

3〜4歳児

ころころパンケーキ

ノルウェーの民話「ころころパンケーキ」をもとにした、軽快で楽しい歌あそびです。
歌や動作を楽しみましょう。

健康

人間関係

環境

言葉

表現

あそび方

素話を行う

1 ころころパンケーキの始まりです。
お母さんが、おいしいパンケーキを焼きました。
「わ〜、いいにおい！」「早く食べたい！」
子どもたちは大喜び。でもね、パンケーキは、
「食べられちゃうなんてやなこった！」と、
フライパンから"ボーン"と飛び出して、
ころころころころ……
と逃げ出しました。しかも、歌いながらね。
みんなも、パンケーキになって逃げましょう。

♪ P81の**「ころころパンケーキ」**を歌いながら、
動作を楽しむ。

2 「あ〜あ、がっかり。逃げられちゃった！」
お母さんと子どもたちは、家に帰りました。
ところが、今度はニワトリがパンケーキを見つけて
食べようとしていました。でも、パンケーキは
「食べられちゃうなんてやなこった！」と、
また逃げ出しました。しかも、歌いながらね。

♪ P81の**「ころころパンケーキ」**を歌いながら、
動作を楽しむ。

3 **2**を繰り返す。

※「ニワトリ」の箇所を、以降、
アヒル→ ガチョウと替えて、繰り返す。

♪ P81の**「ころころパンケーキ」**を歌いながら、
動作を楽しむ。

4 ころころころころと転がって逃げたパンケーキは、
転がりすぎて疲れてしまいました。
そこへ、ブタがやってきて、
「おいしそうなパンケーキだな。
いただきまーす！ パックン！」
と食べちゃったんだって。はい！
「ころころパンケーキ」のお話、おしまい。

保育者の声かけ

どうしてパンケーキは
最後に食べられちゃっ
たのかな？

**言葉による
伝え合い**
物語や保育者の
問いかけに対し、
感じたことを
言葉で伝える

Point

・逃げまわった末に、食べられてしまったパンケーキに思いを寄せ
て、気持ちを考えてみる声かけをしてみましょう。

・パンケーキがどんなものか実際の写真を見ながら、みんなでおい
しいパンケーキについて話してみましょう。イメージがふくらみ、
盛り上がれば、劇あそびに発展させても楽しめます。

いっぱい転がって
疲れちゃったの

〈 歌あそび 〉　　♪「ころころパンケーキ」を歌いながら、動作を楽しむ。

♪ **ぼくは**
❶ 両手
人さし指で
頬を指さす。

♪ **ふっくら　パンケーキ**
❷ 顔の前に、手で
丸いパンケーキ
を作る。

♪ **たべられちゃうなんて**
❸ 両手を交互に
口に運び、食べる
しぐさをする。

♪ **やなこった**
❹ 片手を振る。

♪ **ころころころころ**
❺ 両手をグーにして、
胸の前で
かいぐりをする。

♪ **ころ**
❻ 右へポーズ。

♪ **ころころころころ**
❼ ❺と同様に。

♪ **ころ**
❽ ❻と同じく左へポーズ。

♪ **さあにげよう**
❾ 4回
手拍子をする。

**豊かな
感性と表現**
登場人物の心情に
思いを馳せ、
表現する

ころころパンケーキ

作詞／阿部　恵
作曲／家入　脩

軽快に楽しく

ぼくは　ふっくら　　パンケーキ　　たべられちゃうなんて　やなこった

ころ　ころ　ころ　ころ　ころ　　　ころ　ころ　ころ　ころ　ころ　　さ　あ　に　げ　よう

**10の姿
の解説**

言葉による伝え合い

素話の内容や、保育者の問いかけに対し、子ども自身が
思ったこと、感じたことを自由に、言葉で表現します。
自分なりに言葉を考え、使ってみるという育ちの姿です。

豊かな感性と表現

パンケーキの心情を想像し、歌と動きで表現して楽しくあ
そぶ姿が見られます。お話に入り込み、登場人物の立場
になって考えられるということも、感性の育ちの姿です。

3～5歳児

虹を見たルルとムー

手軽な紙芝居大のパネルシアターで、
すきま時間でもお話を楽しめます。

健康／人間関係／環境／言葉／表現

あそび方 | （準備するもの） B4サイズ程度のパネル（パネル布　スチロール板など）、
絵人形（不織布、全芯ソフト色えんぴつ）

型紙あり
P127

〈 演じ方 〉

1 ルルを出しながら。
ルルは、だいちゃんが園で作った
てるてるぼうず。家に持って帰ってきた日、
「ここがいいや！」と窓辺に
つるしてもらいました。

パネルシアターの作り方

〈パネル〉
B4サイズ程度の
スチロール板などに、
板より大きく切ったパネル布を
かぶせ、裏側に折ってはる。

養生テープ

パネル布　スチロール板

〈絵人形〉
パネルシアター用不織布に、
全芯ソフト色えんぴつで絵を描き、絵人形を作る。
（ルル、ムー、虹、アジサイの葉、
窓、音符1、音符2）

ルル　ムー　虹　窓　音符1　音符2

アジサイの葉

2 ルルをパネルの右上にはって、窓をはる。
でも、だいちゃんが園に出かけると、
ルルはいつも一人ぼっち。
ルル 「あーあ、つまんないなー」
と、雨上がりの窓の外を見ていました。

3 アジサイの葉を
少し揺らしながら出す。

すると、
アジサイの葉っぱが揺れて、
誰かがやってきました。

**思考力の
芽生え**
パネルシアターの
仕組みに
興味をもつ

4 子どもたちに問いかける。
誰でしょう？

5 子どもたちの
反応を受けながら。
そう、カタツムリです。

6 　ムーをゆっくり出しながら。

カタツムリが葉っぱの上までやってきました。それを見たルルは、
> ルル　「やあ、きみはいったいだあれ？」と聞きました。
> ムー　「私はカタツムリのムー。あなたは？」
> ルル　「ぼくは、てるてるぼうずのルル。一人ぼっちでつまらないと
> 　　　　思っていたんだ。よかったら、友達になってくれない？」
> ムー　「いいわ。私も友達が欲しいと思っていたの。」

ルルとムーは友達になりました。ルルは、だいちゃんのことや
お部屋の中のことを話します。ムーは、花壇や池のことを話します。

自然との
関わり・生命尊重
雨あがりの
生き物や、現象に
興味をもつ

保育者の声かけ

雨の日には、ムーの他に、
どんな生き物がいるかな？

7 　音符1をはりながら、子どもたちと一緒に歌う。※歌はなんでもよい。

そして歌も歌いました。ルルは、だいちゃんがいつも歌っている、『○○』の歌。

8 　音符2をはりながら、⑦と同様に歌う。※歌はなんでもよい。

ムーは、大好きな『□□』の歌。

9 　音符1、2を外しながら。

ムーの歌が終わったときです。ルルが
大きな声で言いました。
> ルル　「ムー、お空を見て！」

10 　ルルとムーを空に向ける。
> ルル　ムー　「虹だ！」

豊かな
感性と表現
自分なりに
物語のイメージ
を作る

環境作り

・子どもの興味に合わせ、カタツムリやアジ
サイ、虹などについて調べられるよう、保
育室に図鑑を置いておくとよいでしょう。
・コーナーを作って、絵人形とパネルを置い
ておき、子どもが絵人形を触ったり、はっ
たりして、お話を考えてあそべるようにし
てもよいでしょう。

11 　虹を出して上部にはる。
> ルル　「わあー、きれいだな」
> ムー　「ほんとね……」

とても、きれいな虹でした。ルルとムーは、
虹が消えるまでずっとお空を見上げていましたよ。
そして、「またあそぼう」と
約束したんだって。おしまい。

Point

お話をきっかけに、雨の日に散歩に出かけたり、園
庭を探索したりして、雨の日の自然を楽しむ活動
を展開してもよいでしょう。子どもたちの新しい
発見や、興味・関心につながります。

10の姿
の解説

思考力の芽生え

お話を楽しむうち、パネルシアター
の仕組みに興味を示す子も出てきま
す。「どうして絵人形がパネルにくっ
つくのか？　触ってみたい」と思考
する姿も見られます。

自然との関わり・生命尊重

お話を楽しむ中で、雨上がりのアジ
サイやカタツムリ、そして空にかか
る虹など、生命や自然現象に興味を
もち始める子どももいるでしょう。

豊かな感性と表現

パネルシアターの絵人形を自由に使
える環境の中で、自分で触ってみた
り、お話を考えてみたりと、自分な
りに物語のイメージを作る姿は、表
現の力の育ちととらえられます。

ねらい
● 楽しかった出来事を思い出しながら、画用紙に絵を描く。
● 自分たちで作った紙芝居をみんなで見て、楽しむ。

『〇〇ぐみさんの思い出』紙芝居

子どもたちが描いた、運動会などの行事の絵が、楽しい紙芝居に。
「明日も見たい！」の声が響きます。

あそび方

（準備するもの）　子どもたちが思い出をテーマに自由に絵を描いた画用紙、マスキングテープ

紙芝居の作り方

子どもが描いた絵で話を構成し、
脚本を紙に書いて、
絵の裏側に
マスキングテープではる

子どもが
描いた
絵の裏側

脚本

マスキング
テープ

※ 子どもの描いた絵は、
返却する大切な作品な
ので、裏にはる脚本は、
最後に取り外しできる
状態ではる。

① 楽しかった思い出について
話し合い、イメージを
ふくらませる。

保育者の声かけ

運動会では、どんな
ことが楽しかった？
がんばったことでも
いいですよ。

自分が一番好きなところを
絵にしてみよう！

ダンスが
かっこよくできた！

かけっこが
楽しかったな

お弁当も
おいし
かったね！

**豊かな
感性と表現**
楽しかったことに
思いを巡らせ
絵を描く

健康
人間関係
環境
言葉
表現

②　子どもたちが楽しかった
　　行事などの思い出をテーマにして、
　　1人1枚ずつ、絵を描く。

③　保育者がストーリーをつけ、絵の裏に
　　それぞれの画面に合わせたお話を
　　書いてはる。紙芝居にし、演じる。
　　（1番目の場面は保育者が作り、以降のページを
　　子どもたちが描いた絵で構成する）

わ～！

**思考力の
芽生え**
紙芝居の
つくりに興味を
示す

環境作り

紙芝居作りに興味をもつ子を想定
し、ミニ紙芝居作りができるよう
に、八つ切りの画用紙を1/4程度に
切った用紙を準備しておきます。

**数量や
図形、標識や文字
などへの関心・感覚**
紙芝居の中の文字や、
場面表示の数字に
興味をもつ

Point

・最初から「紙芝居作り」をするのではなく、楽しかった行事を思い出しながら、自由に
行事の絵を描くことにして、のびのびと描けるようにするとよいでしょう。

・子どもたちの絵でお話を作るにあたり、その絵を描いているときの子どものイメージを
ヒアリングしておきます。描いているとき、描きあがったときなどに、印象に残った
シーンの話や、そのときの子どもの様子にふれるなど、子どもと保育者でさまざまな話
題を交わしておくと、物語を構成しやすくなります。

・紙芝居として読んだ後は、一人一人の個性を大いに認め、表現することへの自信につな
げます。

**10の姿
の解説**

豊かな感性と表現

行事を経験し、生活全体に自信を深
めていきます。行事で楽しかったこ
となど、さまざまな思いを巡らせな
がら、画用紙の上で表現する姿が見
られます。

思考力の芽生え

紙芝居を自分で作ってみたいと思う
と、その仕組みに興味をもつように
なります。保育者の近くで見たり、
聞いたりする中で自ら手にして確か
める姿は、思考力の育ちの表れです。

数量や図形、標識や
文字などへの関心・感覚

紙芝居そのものに興味をもつと、絵
はもちろん、文字（タイトルや文）、
数字（場面表示）などにも関心をも
つようになっていきます。

3〜5歳児

ねらい ● 園庭のチューリップを思い浮かべながら楽しく歌う。
● チョウチョウやミツバチ、友達などの動作を楽しむ。

ちゅうりっぷ

チューリップの球根からかわいい芽が出ます。どんな色の花が咲くのか
イメージしながら、かわいい動作で楽しくあそびましょう。

健康
人間関係
環境
言葉
表現

あそび方

[1番]

♪ **ちゅうりっぷ　めをだした**

❶ 両手を合わせ、小さく上下に動かす。

♪ **つぼみ　ふくらんだ**

❷ 両手をふくらませ、左右交互に揺らす。

> **豊かな感性と表現**
> 歌詞の動きを自分なりに表現して楽しむ

♪ **はなが　さいたら**

❸ 閉じていた両手を花のように開き、左右に揺らす。

♪ **ちょうちょうが　とんできた**

❹ 両手を伸ばし上下に動かして、チョウチョウが飛ぶような動作をする。

Point

・子どもには、チューリップや生き物について、さまざまな問いかけをしてみましょう。

・前半の細かい動作を丁寧に表現するようにし、後半は大きく元気に動き回ります。

[2番] ①～③は1番と同様。

♪ **みつばち　ぶんぶんぶん**

④ 両脇をしめ、両手をばたつかせて、
ミツバチが飛ぶような動作をする。

**言葉による
伝え合い**
保育者の
問いかけに、
言葉で答える

保育者の声かけ ①

何色のチューリップが咲き
ましたか？　その中で好き
な色はありますか？

[3番] ①～③は1番と同様。

♪ **ともだち　やってきた**

④ その場を小走りで一回りする。

**自然との
関わり・生命尊重**
歌をきっかけに、
生き物・植物に
興味をもつ

環境作り

チューリップの花を
保育室に飾る、春の
製作でチューリップ
の折り紙をするなど、
実際のチューリップ
の花をイメージしな
がら歌えるような環
境があるとよいで
しょう。

保育者の声かけ ②

チョウチョウやミツバチが
やってきましたね。他にど
んな生き物が来ましたか？

ちゅうりっぷ　　　作詞／阿部　恵　作曲／中郡　利彦

軽快に楽しく

1～3. ちゅ う りっ ぷ　め を だ し た　　つ ぼ み　ふ くら ん だ　　は な が　さ い た ら
ちょ う ちょう が　とん で きた
み つ ば ち　ぶん ぶん ぶん
と も だ ち　やっ て きた

**10の姿
の解説**

豊かな感性と表現

かわいい曲に合わせて、子どもたち
がもつチューリップのイメージをふ
くらませます。ゆっくり丁寧に、そ
れぞれが気持ちよく表現してあそぶ
姿を見ることができます。

言葉による伝え合い

歌を題材に、子どもとの話をふく
らませましょう。保育者からの問い
かけに、子どもたちはさまざまにイ
メージを広げながら、それを自分の
言葉にして伝えようとします。

自然との関わり・生命尊重

歌や手あそびを楽しむことをきっ
かけに、園庭や公園のチューリップ
の色や形の美しさに気づいたり、そ
こに集まってくる虫にも興味をもっ
たりする姿が見られます。

ねらい
●友達や保育者とふれあう楽しさを知る。
●ゆったりと愛情のこもったスキンシップあそびを楽しむ。

ぼうずぼうず

体の丸い所をなでてあそぶ、愛情いっぱいのスキンシップあそびです。
保育者から子どもに行っても、友達同士、交代で行ってもよいですね。

健康
人間関係
環境
言葉
表現

あそび方

♪ **ぼうず　ぼうず
ひざぼうず**

❶ 2人で向かい合い、
一方が相手の
ひざをなでる。

協同性
友達と一緒に
ふれあいあそび
を楽しむ

♪ **○○○ちゃんのぼうず**

❷ 相手のひざをやさしくトントンする。

♪ **こんにちは**

❸ 相手に向かっておじぎをする。

保育者の声かけ

次は何ぼうずにしましょうか？ ここは何ぼうずでしょう？

でこ
ぼうず

あご
ぼうず

ひじ
ぼうず

ひざ
ぼうず

かかとぼうず

健康な心と体
体の部位の
名前を知り、
あそびを楽しむ

Point

・ぬいぐるみを使って、１人ずつあそびを楽しんでみてもよいでしょう。

・わらべうたの中の「ひざ」をアレンジして、体のいろいろな部位であそんでみましょう。

環境作り

体の部位を言葉にした絵や、ポスター、絵本を保育室に置くと、子どもが各部位を知るきっかけになります。

ぼうずぼうず

わらべうた

軽快に楽しく

ぼう ず ぼう ず ひ ざ ぼう ず ○ ○ ○ちゃんの ぼう ず こん にち は

**10の姿
の解説**

協同性

友達と２人で、スキンシップを取りながらわらべうたを楽しむ姿が見られます。お互いの体にやさしくふれる様子は、他者への思いやりや、尊重する心の育ちとしてとらえられます。２人で一緒に楽しみながら、あそびをよりおもしろく発展させようと工夫する姿に注目して見守ってみましょう。

健康な心と体

このわらべうたに登場する体の部位は、好きにアレンジができるため、友達と一緒に、いろいろな「ぼうず」を考える姿が見られるようになります。このあそびを通して、自分たちの体の部位の名称に興味・関心をもつ姿も見られるかもしれません。

3~5歳児

どんぐりころちゃん

当てっこを楽しめる、わらべうたあそびです。マテバシイのどんぐりがおすすめ。
どんぐり探しも楽しみの一つですね。

豊かな
感性と表現
リズムに合わせて、
当てっこあそび
を楽しむ

健康

人間関係

環境

言葉

表現

あそび方

（準備するもの）　どんぐり（マテバシイのような大型のもの）、油性ペン

♪ **どんぐりころちゃん**

❶ 左手の人さし指と親指で
どんぐりを持ち、
リズムに合わせて左右に揺らす。

※どんぐりに
油性ペンで
顔を描いて
おく。

♪ **あたまはとんがって**

❷ 右手の人さし指で
どんぐりの頭をつつく。

♪ **おしりはぺったんこ**

❸ どんぐりのへそ部分を
右手の人さし指でなでる。

♪ **どんぐり　はちくり**

❹ どんぐりを両手で包み、
そのまま上下左右に振る。

♪ **しょっ！「さあ、どっちだ？」**

❺ どんぐりを素早く左右どちらかの手に
入れ、手をグーにして突き出し、
子どもたちに見せる。

「いち、にの、さん！」

❻ 子どもの反応を受けた後、両手
を広げて、どんぐりが入って
いるほうがどちらかを見せる。

こっち
でした！

保育者の声かけ

どんぐりを探しに行ってみよう！
どこに落ちてるかな？

Point

歌の前には、ポケットに何が入っているかの当てっこあそび
をしても盛り上がります。

先生、今、ポケットの中にいいものが入っています。な〜んだ？

ハンカチ！

ティッシュ！

言葉による伝え合い
言葉のやりとりを楽しむ

自然との関わり・生命尊重
歌を通してどんぐりに興味をもち、探す

環境作り

・秋には、どんぐりを使った製作や、飾りを保育室に用意するなど、素材にふれる機会を作ると、より親しみやすいあそびになります。どんぐりの落ちている公園にあそびに行くなど、どんぐりがある場所や季節について知る機会を作ってもよいでしょう。

・あらかじめ、どんぐりに油性ペンで"ころちゃん"の表情を描いておくとよいでしょう。「かわいい！ やってみたい！」という声が聞かれ、子どもたちが主体的に取り組めるしかけになります。

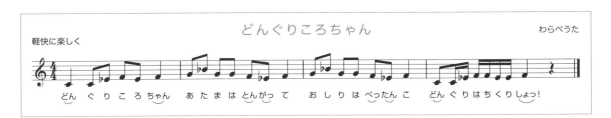

どんぐりころちゃん　　わらべうた

軽快に楽しく

どんぐりころちゃん　あたまはとんがって　おしりはぺったんこ　どんぐりはちくりしょっ！

10の姿の解説

豊かな感性と表現

友達同士であそびを楽しむ中で、さまざまな表現を加える子もいます。曲のリズムに合わせて、当てっこあそびを楽しむ姿に、感性や表現力の育ちを見ることができるでしょう。

言葉による伝え合い

子どもがリーダー役になり、「どっちだ？」と問いかけたり、答える友達を指名したり「大当たり！」「残念、こっちでした」などと、やりとりを楽しもうとする姿が見られます。

自然との関わり・生命尊重

わらべうたを通してどんぐりに興味をもち、どんぐりの木のありそうな公園や、毎年お世話になるお宅で拾わせてもらうなど、身の回りの自然に関わろうとする姿が見られます。

3～5歳児

ほしいのどっち？

「♪ほしいのどっち　どっちかな……」と軽快に歌いながら、
当てっこあそびを楽しみましょう。

健康
人間関係
環境
言葉
表現

あそび方

（準備するもの）　絵カード（A5サイズ）20枚程度
※ボール紙に食べ物や飲み物、動植物、おもちゃなどを描いておく。

絵カードの作り方

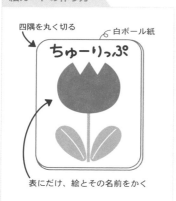

四隅を丸く切る　　白ボール紙

ちゅーりっぷ

表にだけ、絵とその名前をかく

♪ **ほしいのどっち　どっちかな**

❶ 絵カードを2枚、裏を見せて左右の手に持つ。

♪ **こっちかな　こっちかな**

❷ 左右のカードを交互に上げ下げする。

♪ **どっちかな**

❸ 左右のカードを横に軽く揺らす。

❹ 子どもたちにどちらのカードがよいか問いかける。

どっちがいいですか？

❺ 子どもの反応を受けた後、「いち、にの、さん！」で両方のカードの表を見せる。

りんご　みかん

数量や図形、標識や文字などへの関心・感覚
言葉にふれ、興味をもつ

言葉による伝え合い
体験や考えたことを自分なりの言葉にして伝える

こっちは「うちわ」でした。何に使えるでしょう?

保育者の声かけ
うちわが出ました。どんなときに、何に使えるものでしょう?

暑いときにパタパタあおぐの?

パタパタ

Point
出てきた絵に関する知識にふれた声かけをすると、子どもの興味が広がります。

環境作り
一年中あそべるように、いろいろなカードを作り保育室に設置して、選んであそべるようにします。

ほしいのどっち?　　　作詞／阿部　恵　作曲／中郡　利彦

軽快に楽しく

ほ し い の どっ ち　どっ ち か な　こっ ち か な　こっ ち か な　どっ ち か な

10の姿の解説

数量や図形、標識や文字などへの関心・感覚

日頃からものの名前の書かれたカードにふれることで、自然な形で文字に興味をもつ姿が見られます。

言葉による伝え合い

保育者や友達と、楽しくあそぶ中で、カードに描かれたものの絵に対して、自ら感じたり、考えたりしたことを言葉にして伝える姿が見られます。

3～4歳児

ねらい
● 春が近いことを知り、喜びを楽しく表現する。
● 冬から春にかけての生き物の生活を知る。

春かな

寒い冬の間、活動できなかった動物さんたちは、春が来てうれしそう。
カエルさん、ヘビさん、クマさんになりきって、春の喜びを全身で表現しましょう。

健康
人間関係
環境
言葉
表現

あそび方

豊かな
感性と表現
春の生き物に
なりきる

[1番]

♪ **ああ**

❶ 思いきり
伸びあがる。

♪ **はるかな**
❷ 両手を左右にゆっくり揺らす。

♪ **あったかいぞ**
❸ 両手をひらひらさせながら
円を描くように、
ゆっくりと腕を降ろす。

♪ **むくむくむくむくむく**

❹ しゃがんで丸まった（眠った）姿勢
から、体を揺らしながら立ち上がる。

♪ **だれかとおもったら**

❺ 4回拍手する。

♪ **かえるさん　ピョンピョンピョン**

❻ 手、両足を開いたカエルの
ポーズで、3回ジャンプする。

[2番] ①〜⑤は1番と同様。

♪ へびさん　ニョロニョロニョロ

⑥ 両腕を伸ばし、手を合わせて、腕や体でヘビの動きをする。

[3番] ①〜⑤は1番と同様。

♪ くまさん　ノシ　ノシ　ノシ

⑥ 強そうに両腕で力こぶのポーズをし、「ノシノシノシ」と両足で力強く踏み込んで歩く。

自然との
関わり・生命尊重
季節を感じ、
生き物の
生態に親しむ

保育者の声かけ

さあ、暖かい春の風が吹いてきましたよ。冬の間、土や穴の中で冬眠していた生き物が、出てきました。

Point

・保育者がやって見せる前には、何をテーマにして歌あそびをするかのミニクイズを出しても盛り上がります。

・登場する生き物をペープサートで作り、描かれた動物を見ながら説明しても、歌への親しみが増して楽しめます。

環境作り

季節ごとの図鑑など、春の生き物に親しめるものを保育室に用意します。歌に登場する生き物に関する絵本を置いてもよいでしょう。

春かな

作詞・作曲／阿部　恵

軽快に楽しく

1〜3. あ　ー　あ　　は　る　か　な　　あっ　た　か　い　ぞ　　む　く　む　く　む　く

だ　れ　か　と　お　もっ　た　ら

かえ　　る　さん　　ピョン　ピョン　ピョン
へ　　び　さん　　ニョロ　ニョロ　ニョロ
く　　ま　さん　　ノシ　　ノシ　　ノシ

10の姿の解説

豊かな感性と表現

歌に登場するそれぞれの動物になったつもりで、春が来たときの生き物たちの喜びを、子どもなりに考え、工夫して全身で表現する姿に注目しましょう。

自然との関わり・生命尊重

歌を楽しみ、保育者から春の生き物について話を聞くなどする中で、長い間冬眠していた生き物の姿をイメージしたり、興味をもって図鑑や絵本などを見たりします。

ねらい ●保育者や友達と、動物の動きや鳴き声などの特徴をまねて楽しむ。
●さまざまな動物の鳴き声や体の動きを楽しむ。

だれでしょう

「♪ちゅんちゅちゅん……だれでしょう」。
鳴き声などのヒントで、どんな動物か当てっこをして楽しめる歌あそびです。

健康
人間関係
環境
言葉
表現

あそび方

[1番]

♪ ちゅんちゅちゅん　ちゅんちゅちゅん　だれでしょう

❶ 歌いながら、両手で羽ばたき、スズメの動きをする。

豊かな感性と表現
動物になりきり、表現を工夫する

❷ 動物の鳴き声と、ヒントを伝える。

かわいい声で「ちゅんちゅちゅん」と鳴きますよ

健康な心と体
体を存分に動かして表現しようとする

そう！スズメさんです

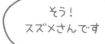

♪ ちゅんちゅちゅん　ちゅんちゅちゅん
すずめさん　ちゅん！

❸ 手拍子をしながら、動物の名前を伝える。

※2～5番もそれぞれの動物の動きに替えて同様に行う。

〈 アレンジ 〉
歌詞以外の動物も入れながら、子どもたちと一緒に動物の動きを楽しむ。

保育者の声かけ
みんなでかわいいブタさんになりましょう！　上手ですよ！

協同性
友達とあそぶ楽しさに気づく

Point

・一度にたくさんあそぶのではなく、それぞれの子が「ブタ」ならブタのイメージをもちながら楽しめるように、ゆったりとした展開を心がけましょう。

・保育者が子どもの表現に対し、「上手、上手！」「楽しいね！」などと豊かに反応することで、子どもたちの表現意欲が掻き立てられます。

・さまざまな動物の鳴き声と動作を試してあそんでみましょう。まねしやすい動物として、他にネズミ、ヤギ、サル、ウシ、カエル、ゾウなどもあります。

だれでしょう　　　　　作詞／阿部　恵　作曲／佐藤　千賀子

軽快に楽しく

1. ちゅん ちゅ ちゅん ちゅん ちゅん ちゅ ちゅん　だ れ で しょう　ちゅん ちゅ ちゅん ちゅん ちゅん ちゅ ちゅん　す　ずめ　さん　ちゅん！
2. にゃん にゃ にゃん にゃん にゃん にゃ にゃん　だ れ で しょう　にゃん にゃ にゃん にゃん にゃん にゃ にゃん　ね　ーこ　さん　にゃん！
3. ぴょん ぴょ ぴょん ぴょん ぴょん ぴょ ぴょん　だ れ で しょう　ぴょん ぴょ ぴょん ぴょん ぴょん ぴょ ぴょん　う　さぎ　さん　ぴょん！
4. わん わ わん わん わん わ わん　だ れ で しょう　わん わ わん わん わん わ わん　い　ーぬ　さん　わん！
5. ぶ ー ぶ ー ぶ ー ぶ　だ れ で しょう　ぶ ー ぶ ー ぶ ー ぶ　ぶ ーた さん　ぶ！

10の姿の解説

豊かな感性と表現

いずれの表現も、最初は模倣から。保育者や友達と動物の模倣を楽しむうちに、その子なりの豊かな表現が育まれていきます。

健康な心と体

いろいろな動物に合わせて、体を積極的に動かす姿が見られます。保育者の動きに反応して喜んで自由に体を動かしている姿も、育ちとして受け止めましょう。

協同性

1人や1対1であそぶよりも、複数の友達と一緒に行ったほうがより楽しくなることに気づくでしょう。友達の表現を受け止めてあそぶ様子も、この姿の育ちといえます。

3～5歳児

ねらい
● おむすびを作る姿を想像しながら楽しくあそぶ。
● 自分の体験を言葉で話したり、友達の話を聞いたりする。
● 食べたことがある食材や、販売されている食材に興味をもつ。

おむすびつくろう

子どもたちの大好きなおむすびを作りましょう。いつでも楽しめますが、
遠足や運動会などの前にあそんでも盛り上がります。

健康
人間関係
環境
言葉
表現

社会生活との関わり
普段食べているものを思い出し、あそぶ

あそび方

♪ **ほかほかのごはんをたいて**

① 両手を上下に動かして、湯気が出ているような動作をする。

♪ **ほかほかのおむすびつくろ**

② 左右の手を交互に入れ替えながら、おむすびを握る動作をする。

保育者の声かけ①

おいしそうなおむすびができました！　みんなで食べてみましょう。どんな味がしましたか？

♪ **ほかほかのごはんは**

③ ①と同様。

♪ **あつい**

④ 両耳の耳たぶをつまむ。

♪ **ころころころがすな**

⑤ 両手をグーにして、かいぐりをする。

♪ **うめぼしいれて**

⑥ 左手を開き、手のひらを右手の人さし指でつつく。

♪ **にぎって**

⑦ ②と同様。

♪ **しおをかけて**

⑧ 片方の手で塩の入った容器を持って、もう片方の手に持つおむすびにかけている動作。

♪ **にぎって**

⑨ ②と同様。

♪ **のりをまいて**

⑩ 左手を握る。右手をかぶせるようにして上にかざし、包むように外側に半回転させる。

♪ **にぎって**

⑪ ②と同様。

♪ **いちにのさんで**

⑫ おむすびの形を
整えるイメージで、
②の動作を
3回繰り返す。

♪ **めしあが**

⑬ 4回拍手。

♪ **れ**

⑭ 両手の手のひらを
上に向け、前に差し出す。

Point

- 出来上がったおむすびを食べる動作を取り入れて、子どもたちの反応を
受け止め、会話を楽しめるようにしましょう。
- 「ゾウさんが食べるジャンボおむすびを作ってみましょう。大きいです
よ!」など、食べる相手、大きさなどに変化をつける声かけをすると、
子どもがイメージをふくらませ、あそびが展開していきます。
- みんなで買い物に行く活動を行い、おむすびなど、「そのお店に売って
いるもの」に注目できる声かけをしてもよいでしょう。

**豊かな
感性と表現**
イメージに合わせ
さまざまな動作を
工夫する

**言葉による
伝え合い**
思ったことを
言葉にして
伝える

おむすびつくろう

作詞／阿部　恵
作曲／家入　脩

軽快に楽しく

ほかほかのごはんをたいて　ほかほかのおむすびつくろ

ほかほかのごはんはあつい　ころころころがすな

うめぼしいれて　にーぎって　しおをかけて　にーぎって

のりをまいて　にーぎって　いーちにのさーんで　めしあがれ

好きなおむすびの
具は?

ツナマヨ!

保育者の声かけ②

みんなの好きなおむすびは、
どんなおむすびですか?

**10の姿
の解説**

社会生活との関わり

家で作ってもらったおむすびやスー
パーなどで目にしたおむすびなど生
活と結びつけ、さまざまな種類を思
い出しながらあそぶ姿が見られます。

豊かな感性と表現

いろいろな動作を入れながら、楽
しくあそぶ姿が見られます。その
子ならではの表現を認めていきま
しょう。

言葉による伝え合い

食べるまねをして、食べた感想を言
葉で表現します。これまでの経験か
らイメージをふくらませ、それを言
葉にして表そうとします。

ねらい
● あそびの中で、ものの形に興味をもち、イメージを広げる。
● 自らもやってみたいという意欲をもつ。

くれよん しゅしゅしゅ

赤いクレヨンで描けたものはなんでしょう。「何色で描こうかな……。
そうだ、赤色のクレヨンでおいしいものを描きましょう」などと、ヒントを交えながら描きます。

あそび方　（準備するもの）　クレヨン、画用紙（歌あそびの答えになる絵を描いておく）

健康
人間関係
環境
言葉
表現

♪ **(あかい)くれよん しゅ しゅ しゅ**

❶ 右手にクレヨンを持って、
空中で答えのものの形を
ゆっくりと描く。
（例：赤いクレヨンを持ち、
リンゴを描く）

♪ **にこにこ にっこり
しゅ しゅ しゅ**

❷ ①を繰り返す。

♪ **くるくる ごしごし
しゅーしゅ しゅ しゅ**

❸ ①で描いた形の中を
塗りつぶすような動作をする。

年齢に合わせて、色や描くものをいろいろと替えて、子どもたちの想像力をふくらませましょう。

色とものの例　赤…イチゴ、ポスト　黄…バナナ、レモン　青…空、海
　　　　　　　　梅干し　　　　　　　　ヒヨコ　　　　　　　　魚　など

保育者の声かけ

自分でしゅしゅしゅと描いて、友達に答えてほしい人はいますか？

**「最後に茶色のクレヨンで
ちょっと描いて……。さあ、なあに？」**

❹ 子どもたちに問いかけながら、ヒントを出す。
　（ここでは茶色のクレヨンを持って、リンゴの芯棒を描く）

♪ **ほら　（りんご）
かけちゃった**

❺ 子どもたちの反応を確かめた後、
歌いながら、あらかじめ用意しておいた
画用紙に描いた答えの絵を見せる。

**思考力の
芽生え**
さまざまな
ヒントをもとに
答えを考える

自立心
自分でも
やってみたいと感じ、
挑戦する

リンゴ！

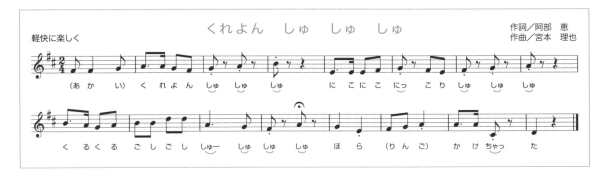

くれよん　しゅ　しゅ　しゅ

作詞／阿部　恵
作曲／宮本　理也

軽快に楽しく

（あか　い）　く　れよん　しゅ　しゅ　　しゅ　　　に　こ　に　こ　にっ　こ　り　しゅ　しゅ　しゅ

く　るくる　ご　しごし　しゅー　しゅ　しゅ　しゅ　　ほ　ら　（りん　ご）　か　け　ちゃっ　た

**10の姿
の解説**

思考力の芽生え

保育者が使っているクレヨンの色や、描いている形、口頭でのヒントを意識しながら、身近なものを思い浮かべて、答えを導き出そうとします。

自立心

空中に絵を描き、クイズをするという保育者とのやりとりを楽しむ中で、5歳児くらいになると自分でも出題してみたいと感じ、意欲的に挑戦する姿が見られます。

ねらい
● 日常生活を思い出しながら、楽しく表現する。
● 自分の経験を思い出し、その作り方や、食べ方に興味をもつ。

ラーメン

子どもたちの大好きなラーメン！　歌詞のそれぞれの場面をイメージしながら楽しくあそびましょう。
かっこいいポーズで「♪ドレミファソラ　ラーメン」を決めましょう。

健康
人間関係
環境
言葉
表現

あそび方

[1番] ♪ **どんぶりあついよ**
❶ 熱いどんぶりに
そっと手を添える
ような動作をする。

♪ **チュルチュルル**
❷ 利き手の2本の指を
箸に見立て、ラーメン
を食べる動作をする。

♪ **スープもあついよ**
❸ 利き手でれんげを持ち、
もう一方の手でどんぶりに
手を添える動作をする。

♪ **チュルチュルル**
❹ スープを飲む
動作をする。

♪ **フウフウさまして**
❺ 両手でどんぶりを持ち、
息を吹きかける動作をする。

♪ **いただきます**
❻ おじぎをする。

♪ **ドレミファソラ**
❼ 両手でピアノを弾く
動作をする。

**豊かな
感性と表現**
さまざまな表現を
取り入れ、自分なりに
工夫する

♪ **ラー**
❽ 右手の甲で鍵盤を
素早くすべらす
動作をする。

♪ **メン**
❾ 両手をチョキにし、
額に当てて
ポーズを取る。

[2番] ♪ **なるとをたべたら**
❿ 右手人さし指で
うずまきを描く。

♪ **ポンポンポン**
⓫ 両手で
おなかを叩く。

♪ **やきぶたたべたら ポンポンポン**

⑫ 鼻を片手の人さし指で押し上げた後、⑪と同様。

♪ **おなかいっぱい**

⑬ 両手でおなかがふくれた様子を表す。

ラーメン屋さんってどうやってラーメンを作るんだろう?

麺を網でシャッてやってた!

大きなお鍋を使ってた!

♪ **ごちそうさま**

⑭ ⑥と同様。

♪ **ドレミファソラ**

⑮ ⑦と同様。

社会生活との関わり
お店や食べ物に興味をもち、イメージをふくらませる

保育者の声かけ

○○ちゃんのピアノの弾き方上手!○○くんのポーズかっこいい! みんなでやってみましょう。

♪ **ラー**

⑯ ⑧と同様。

♪ **メン**

⑰ ⑨と同様。

Point

・ラーメンをどんな場所で食べたことがあるか、どうやって作っていたか、どのような盛りつけや具材だったかなどを話題にすることで、ラーメンの調理方法や食材などに興味をもつきっかけになります。

・保育者がピアノで弾いて見せると、ピアノを弾く動作のイメージにつながります。

ラーメン　　　　　作詞・作曲／阿部 恵

軽快に楽しく

1. どんぶりあついよ　チュルチュル ル　スープ もあついよ　チュルチュル ル
2. なるとをたべたら　ポンポンポン　やきぶたたべたら　ポンポンポン

フウ フウ さまして　いただきま す　ドレミファソラ　ラー メン
お なかいっぱい　ごちそうさ ま　ドレミファソラ　ラー メン

10の姿の解説

豊かな感性と表現

さまざまな表現をする中で、友達のかっこいい表現や楽しい表現を認め合い、みんなでまねてみる姿は、イメージを形にしようとする、表現の育ちとしてとらえられます。

社会生活との関わり

お店でラーメンを食べた経験を思い出し、作っている様子や盛りつけを、あそびのイメージに役立てたりします。

ねらい
- あやとりで、もちつきをイメージしながらあそぶ楽しさを味わう。
- 友達と協力して息を揃え、手を合わせてあそぶ。

もちつきペッタンコ！

あやとりで簡単にもちつき気分が味わえます。2人1組で行います。
いろんな友達とあそびましょう。

健康 / 人間関係 / 環境 / 言葉 / 表現

あそび方 | （準備するもの）　あやとりひも（120cmくらいの長さの毛糸を輪にしたもの）

① 2人1組で向き合い、お互いに
イラストのようにあやとりひもを取る。

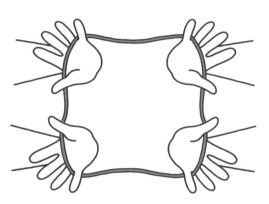

② 右手中指でお互いに、
相手の右手のひもを取る。

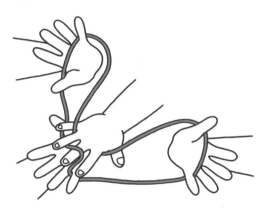

③ ②と同様に、左手中指でお互いに、相手の左手のひもを取る。

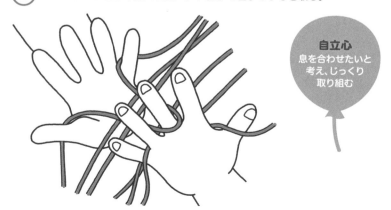

自立心
息を合わせたいと
考え、じっくり
取り組む

④ 2人とも、中指のひもだけ残し、親指と小指のひもをはずす。

⑤ 合いの手を入れながら、順番に、左右の腕を交互に引き合い、反対の手を合わせる。

協同性
友達と協力して
あそびを
作りあげる

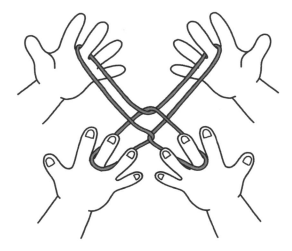

（ 合いの手の例 ）

ペッタン！

ペッタン！

保育者の声かけ

2人で声を合わせてみると息がぴったりになりますよ。

環境作り

子どもがやる気になったときにいつでも取り組めるよう、安全に配慮しながら保育室にあやとりを常設しておくとよいでしょう。

Point

・最初は保育者と組んで、あやとりを覚えていけるようにします。

・もちつきの写真や絵を用意したり、実際のもちつきを見たり、もちつきに参加したりする機会を作ると、よりイメージがふくらみ盛り上がるでしょう。

・わらべうたの「正月さんのもちつき」を歌いながら行っても楽しめます。

10の姿の解説

自立心

友達と息を合わせて楽しみたい、という能動的な姿勢で、失敗しても繰り返し挑戦する姿は、自立心の育ちの表れです。

協同性

2人でするあやとりあそびの楽しさや、相手と息を合わせ、一緒にリズムをとってもちつきをする楽しさを実感している様子を見てみましょう。

3〜5歳児

ちょいとそこの赤おにどん

にらめっこの強さで勝負する、2人1組のあそびです。
節分のころにもおすすめです。

健康 人間関係 環境 言葉 表現

あそび方

♪ **ちょいと　そこの　あかおにどん**

❶ 左手を腰に当て、右手で相手を指さす。

♪ **どちらがつよいか　にらめっこしましょ**

❷ 腰を落としてひざに手をついて、しこを踏む。

> **社会生活との関わり**
> 節分に興味をもち生活の中で注目する

> 😊 **保育者の声かけ ①**
> お買い物に行ったとき、怖いお面や豆まき用の豆が売っていたりしましたか？

> 😊 **保育者の声かけ ②**
> どんな顔をしたらお友達が笑うか考えてみましょう！

> **思考力の芽生え**
> 相手をどのように笑わせるか試行錯誤する

♪ **わらうと**

❸ 両手を広げて顔の横につけ、おどけた表情や動作をする。

♪ **たべちゃう**

❹ 相手を食べるまねをする。

♪ **あっぷっぷ**

⑤ にらめっこをする。

⑥ にらめっこに勝った子が、笑った子の
体の一部を取って食べる動作をする。

**豊かな
感性と表現**
友達と気持ちを
合わせて歌い、
表現することを
楽しむ

Point

・最初は保育者が子どもと行って、子どもたちの頬や鼻を食べるしぐさの手本を見せるとよいでしょう。

・鏡や窓を見ながら、いろいろな顔をしてみるよう提案すると、子どもたちが自分の顔を見ながら表情を変え、あそびを工夫する姿につながります。

ちょいとそこの赤おにどん　　　作詞／阿部 恵　作曲／宮本 理也

軽快に楽しく

ちょいと　そこの　あかおにどん　どちらが　つよいか
にらめっこ　しましょ　わらうと　たべちゃう　あっぷっぷ

**10の姿
の解説**

社会生活との関わり

伝統行事の意味や、「豆まき」「恵方巻」などの文化についても話してみましょう。行事への興味・関心が広がる姿が見られます。

思考力の芽生え

子どもたちはあそびを通し、どうしたら友達が笑うか、勝ったときどこを食べれば盛り上がるかなど、相手の反応を想像し、試行錯誤します。

豊かな感性と表現

友達とおにになりきって歌ったり、お互いにおもしろいと感じる表情を試し、相手の表情に刺激を受けて新しい表現を考えたりして楽しむ姿が見られます。

3~5歳児

カエルのぴょんぴょん競走

色紙で折ったカエルを、ぴょんぴょん飛ばしてあそびます。
友達と競走するなど、一緒に楽しめるあそびです。

健康
人間関係
環境
言葉
表現

あそび方 │ （準備するもの）　色紙（15×15cmと、その1/4サイズの両方）、水性ペン、ビニールテープ │

カエルの作り方

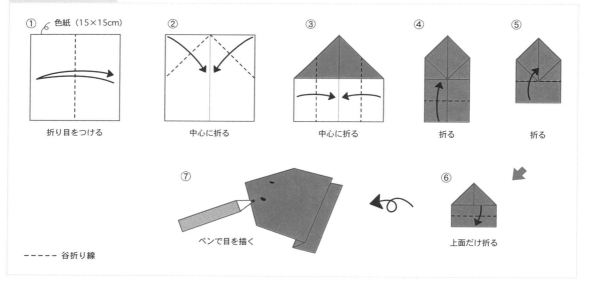

① 色紙（15×15cm）
折り目をつける

② 中心に折る

③ 中心に折る

④ 折る

⑤ 折る

⑦ ペンで目を描く

⑥ 上面だけ折る

----- 谷折り線

自立心
自分の力で
カエルを作り、
飛ばそうと取り組む

Point

・大きさや色の異なる色紙を使って、いろいろなカエルを作ってみましょう。

・折り方がわからない子には、先にできた子が教えるように誘いかけてみましょう。

・3歳児には、保育者が「楽しいものを折りますよ。先生が何を作っているかわかったら教えてくださいね」と、子どもたちの前で折って見せます。あそびたいという声が挙がったら、あらかじめ用意した完成物を使ってみんなであそびます。折ることに興味をもった子から、折り方を教えていきます。

・4~5歳児では、子ども同士で教え合うやりとりも大切にしましょう。上手に折れている子に手伝ってもらえるよう、仲立ちしながら、「いいアドバイスもらったね！」など、教える子の気持ちも後押ししてみましょう。

① ビニールテープのスタートラインに合わせてカエルを置く。
合図とともにカエルのおしりを押して離して飛ばす。

1/4サイズの色紙で同様に
カエルを作ると、飛ばしたときに
空中で1回転するカエルになります。

保育者の声かけ ①

上手に飛んだ人いますか？　どんなふうに
押したのかな？

協同性
友達同士で、
折り方や飛ばし方を
教え合って楽しむ

スタート

角を押すと、
よく飛ぶよ！

ゴール

ビニール
テープ

健康な心と体
指先の力加減を
調節して、上手に
飛ばそうとする

保育者の声かけ ②

小さいカエルは、どうして
1回転するんだろう？

環境作り

基本の大きさ（15×15cm）と、
1/4サイズの色紙を、色と量を
十分に揃えて用意します。落ち
着いて色紙を折れるスペースを
作りましょう。

10の姿の解説

自立心

折り方を教えてもらい、または自力
で試行錯誤しながら、あそびをやり
遂げようとする工程をよく観察しま
しょう。諦めずにやって完成した、う
まく飛ばせたという経験が、次の挑
戦への大きな自信につながります。

協同性

スムーズにできた子が、できない子
に折り方や飛ばすコツを伝える姿が
見られます。みんなで一緒に、競走
を楽しみたいという目的のもと、そ
ういったやりとりが生まれることも、
この姿の育ちと言えるでしょう。

健康な心と体

指先の力の加減を調節し、上手に
飛ばそうとする姿に注目します。強
く押してみたり、紙の端をそっと押
してみたり、細やかな動きで集中し
て取り組む様子をよく観察しましょ
う。

4～5歳児

手作り水ヨーヨーあそび

暑い夏の一日にぴったりのあそび。夕涼み会のお店屋さんにしても大人気です。
家庭に作り方をお知らせしても、喜ばれますよ。

健康
人間関係
環境
言葉
表現

あそび方

（準備するもの）　透明ポリ袋（Sサイズ　18×25cm　厚さ0.02mm程度）、水（80～100mℓ）
お菓子の空き袋（カラフルでキラキラしたものがよい）、セロハンテープ、輪ゴム

水ヨーヨーの作り方

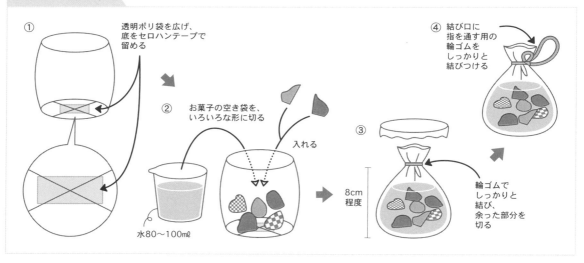

① 透明ポリ袋を広げ、底をセロハンテープで留める

② お菓子の空き袋を、いろいろな形に切る

入れる

水80～100mℓ

③ 8cm程度

④ 結び口に指を通す用の輪ゴムをしっかりと結びつける

輪ゴムでしっかりと結び、余った部分を切る

自立心
難しい工程も自分でやってみようとする

①　水ヨーヨーを作る。

キラキラだよ～！

口をしっかり開いて……

保育者の声かけ　①

このキラキラは、水に入れたらどう見えるかな。

思考力の芽生え
素材の扱い方や、水の入れ方などを自分なりに考えながら取り組む

② 輪ゴムの先を中指につけ、ヨーヨーをついてあそぶ。

先生のお手本を見ながら、ゆっくり手首を動かしてみましょう。

上手！

強く引っ張りすぎないようにするといいね

手首を動かすとできるよ

言葉による伝え合い
感じたことや気がついたことを友達同士で伝え合う

Point

環境作り

各材料は多めに用意し、いくつかは、水を入れる直前まで作った状態で置いておくと、子どもたちの個々の発達に対応できます。

・熱中してあそぶと、水漏れや袋がやぶれることがあります。屋外やベランダなど、あそぶ場所を決めておくとよいでしょう。

・お菓子の空き袋は、カラフルなものや、キラキラしたものがあると、子どもたちが楽しんで作ることができます。また、水の中に入れたときもきれいに見えます。

・子ども同士で作り方やあそび方のコツを伝え合うなど、コミュニケーションを取りながら作業する姿を大切にして、保育者は極力見守ります。工夫や協力をしっかり認めるようにしましょう。

10の姿の解説

自立心

自分でヨーヨーを作るのも、ヨーヨーをついてあそぶのも、少し難しい部分があります。自分で考え、やってみようとしたり、質問したりしながら挑戦する姿勢を見守りましょう。

思考力の芽生え

ポリ袋の扱い方、水の入れ方など、どのようにすればうまくできるか、子どもなりに試行錯誤している様子は、必要に応じて手助けをしながらも、認めていきたいところです。

言葉による伝え合い

「このキラキラ、きれいだよ」「この色を入れたら？」などと、子どもたち同士で感じたことを伝え合う姿に注目して見守りましょう。

ねらい
● 出来上がりを期待しながら作ってあそぶ。
● 回転すると模様がきれいに変化することを友達と確かめ合う。

クルクル紙コプター

紙を使って、クルクル回る紙コプターを作ります。
羽根がバランスを取って、回りながら落ちてくる様子がとっても楽しい工作です。

健康
人間関係
環境
言葉
表現

あそび方

（準備するもの）　コピー用紙または画用紙（4×13cm程度の短冊）、色えんぴつ、水性ペンまたは色えんぴつ、セロハンテープ

クルクル紙コプターの作り方

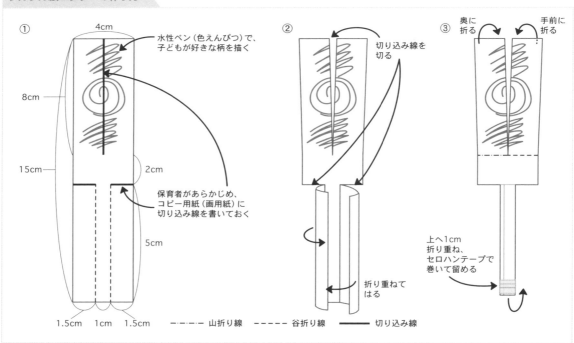

① 4cm　水性ペン（色えんぴつ）で、子どもが好きな柄を描く
8cm
15cm
2cm　保育者があらかじめ、コピー用紙（画用紙）に切り込み線を書いておく
5cm
1.5cm　1cm　1.5cm

② 切り込み線を切る
折り重ねてはる

③ 奥に折る　手前に折る
上へ1cm折り重ね、セロハンテープで巻いて留める

－・－・－　山折り線　－－－－－　谷折り線　────　切り込み線

Point

・いろいろな大きさを試して、最も作りやすく、よく回る大きさを考えてみましょう。

・安全に配慮し、他児との間隔を空けてあそぶように促しましょう。

・投げ方や投げる場所の高さ、投げるときの力を比べてみるなど、紙コプターの仕組みや、上手な飛ばし方について、気づきのきっかけになる提案をしていきましょう。

**紙コプターを
いろいろな方法で飛ばす。**

・紙コプターの下部を持って、
上に投げあげる。

・高い所から落としてみる。

3、2、1……

いっぱい
クルクル
するね

自立心
自分で考え
取り組み、完成
させようとする

**思考力の
芽生え**
紙コプターの仕組みや
柄の見え方などに
関心をもつ

**言葉による
伝え合い**
友達同士で教え合ったり、
周りの人に気づきを
伝えたりする

保育者の声かけ ①

描いた模様がどんなふうに見えるかな？

保育者の声かけ ②

セロハンテープで留めないで
回してみるとどうなるかな？

環境作り

短冊状に切った紙と描画材を保育室
に設置し、子どもたちが自発的に楽
しめるようにするとよいでしょう。

**10の姿
の解説**

自立心

自らの手で作り上げ、飛ばせた喜
びを味わうことが最も大切です。サ
ポートを受けながらも、自ら取り組
もうとする姿勢に着目しましょう。

思考力の芽生え

紙コプターがどうして回るのかや、
回転したときに模様がどう見えるか、
羽根をどう広げるとよく回転するか
など、子どもたちはあそびながら考
え、さまざまな気づきに出会います。

言葉による伝え合い

作り方や飛ばし方のコツ、模様の見
え方、感想などを、保育者や友達に
さかんに言葉で伝えようとします。
育ちを見守りながら、子どもの言葉
をしっかり受け止めましょう。

4~5歳児

● 好きな絵を描いたり、友達と当てっこをしたりして楽しむ。
● Tシャツの形や仕組みに、興味・関心をもつ。

だれのTシャツ？

画用紙のTシャツに絵を描いて、みんなで誰のTシャツか当てたり、
発表したりしてあそびましょう。

健康
人間関係
環境
言葉
表現

あそび方 ｜ （準備するもの） 画用紙（八つ切り・27×38cm）、クレヨン、洗濯ばさみ、ひも

Tシャツの作り方

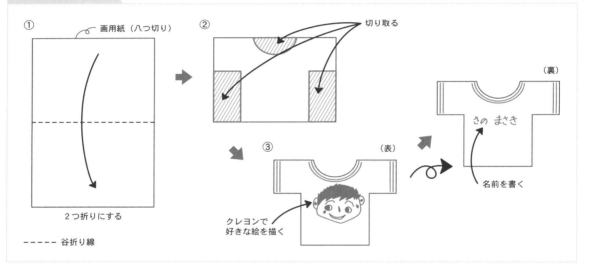

① 画用紙（八つ切り）

2つ折りにする

----- 谷折り線

② 切り取る

③ （表）

クレヨンで
好きな絵を描く

（裏）

さの まさき

名前を書く

Point

・画用紙を2つ折りにすると、ひもに吊るすことができる、その不思議を子どもたちが楽しめるよう声かけをし、盛り上げましょう。

・Tシャツが出来上がったら、同じように2つ折りの画用紙を使って、いろいろな形に切ってみる活動をし、形への興味へつなげてみてもよいでしょう。

・子どもたちが作った作品について、一人一人の個性を認め、受け止めて、自信と意欲につなげましょう。

環境作り

子どもの意欲に寄り添えるよう、画用紙を多く用意して、専用のコーナーを作っておくと、自発的に取り組み、あそびが発展していきます。

① Tシャツを作る。

すてきな色だね

保育者の声かけ ①

画用紙を2つに折ってチョキチョキ切ると……シャツになったね。開くとどんな形かな？

豊かな感性と表現
工夫し、楽しみながら絵を描く

② 子どもが作ったTシャツを保育者が1つずつ紹介し、誰のTシャツか問いかけ、答えが出たら、吊るしたひもに洗濯ばさみで留めていく。

きれいなチューリップ！これは誰のTシャツでしょう？

○○ちゃん！

保育者の声かけ ②

2つ折りになっているから、こうしてひもにかけて干すことができるね！ 折ってない画用紙だとどうなるかな？

数量や図形、標識や文字などへの関心・感覚
切った画用紙の形に興味をもつ

10の姿の解説

豊かな感性と表現

自分のTシャツに愛着をもって、絵を描くことを楽しみます。自分の似顔絵を描いてみたり、大小さまざまな絵を描いたりと、一人一人のこれまでの表現との変化に着目して、観察してみましょう。

数量や図形、標識や文字などへの関心・感覚

Tシャツの形に切られた画用紙を見て、どうやって作ったのか興味をもつ姿が見られます。自ら切り取り、形を確かめたり、別の形を切ってみたりする様子の中に、育ちをとらえてみましょう。

六角返しチューリップ

最初は保育者が作って見せます。
「やってみたい！」「作りたい！」と言う子がいたら、チャレンジできるようにしましょう。

健康
人間関係
環境
言葉
表現

あそび方 | （準備するもの）　上質紙（5×35cm）、水性カラーペン、
全芯ソフト色えんぴつ、スティックのり

六角返しチューリップの作り方

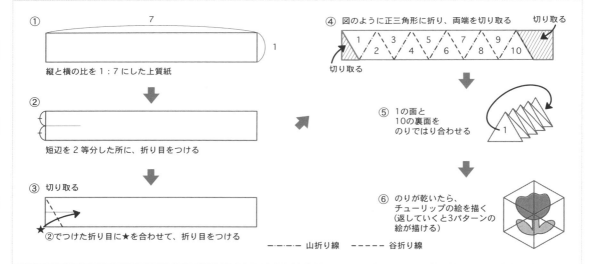

① 7　1
縦と横の比を1：7にした上質紙

② 短辺を2等分した所に、折り目をつける

③ 切り取る
②でつけた折り目に★を合わせて、折り目をつける

④ 図のように正三角形に折り、両端を切り取る　切り取る
1　3　5　7　9
2　4　6　8　10
切り取る

⑤ 1の面と10の裏面をのりではり合わせる
1

⑥ のりが乾いたら、チューリップの絵を描く（返していくと3パターンの絵が描ける）

—・—・— 山折り線　----- 谷折り線

Point

・「チューリップ」（作詞／近藤　宮子　作曲／井上　武士）の歌を歌いながら絵を変えていくと、より楽しめます。

・六角返しの仕組みを調べたい子が、見本を自由に触れるようにしましょう。完成した見本を解体してもよいよう、見本を複数用意するとよいでしょう。

・自分で作ってみたい、と意欲を示した子には、保育者が必要に応じて援助しながら、完成まで見届けましょう。

・いろいろな図柄を描いたり、それを返してみるとどのようになるのかを見たりできるように声をかけてみましょう。

・自宅へ持ち帰れるようにして、自分でいろいろな人に披露する楽しさを感じられるようにしてもよいでしょう。

① **保育者が「六角返し」の紹介をする。**

これは昔からのあそびで、「六角返し」といいます。どんな形でしょう？

三角がいっぱい！

チューリップが描いてある

思考力の芽生え
六角返しの仕組みや、絵柄の変化に興味を示す

 保育者の声かけ ①

この六角返しの中に、どんな形が隠れているかわかる人！

自立心
六角返しのおもしろさを感じ、自分で最後まで作ってみる

環境作り

子どもが作りたいときに取り組めるよう、用紙を保育室に十分な数、設置しておくとよいでしょう。

② **六角返しをすぼめて広げ、絵を変えていく。**

数量や図形、標識や文字などへの関心・感覚
六角返しの中にある図形を見つける

中心

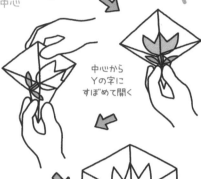

中心からYの字にすぼめて開く

赤・白・黄色の3パターンの絵を描く

一緒に絵を変えて歌ったり、作ったりする。

 保育者の声かけ ②

どうしてこんなふうに絵が変わるのかな？　不思議ですね。

 10の姿の解説

思考力の芽生え

六角返しの仕組みに興味を示したり、絵柄の変化に気づいたり。見せてみたときの子どもたちの反応から、どんなふうに思考を巡らせているか、思考力の育ちをとらえてみましょう。

数量や図形、標識や文字などへの関心・感覚

六角返しの中には、三角形などの図形が隠れています。保育者が質問してみて、子どもたちがどんな答えを出し、興味・関心を示すか、見てみましょう。

自立心

六角返しのおもしろさを感じて、「やってみたい！」という姿が見られます。できるだけ正確に折る必要があるので、最後まで諦めずに取り組めるかも見守りたいですね。

117

どこまで飛ぶかな？　紙飛行機

紙飛行機を折って、飛ばしてあそびましょう。
数人で線上に並んで競争したり、1人でどこまで飛ばせるかを測ったりしても楽しめますね。

健康
人間関係
環境
言葉
表現

あそび方　│（準備するもの）　紙（A5サイズの反故紙など）、全芯ソフト色えんぴつなどの筆記用具　│

紙飛行機の作り方

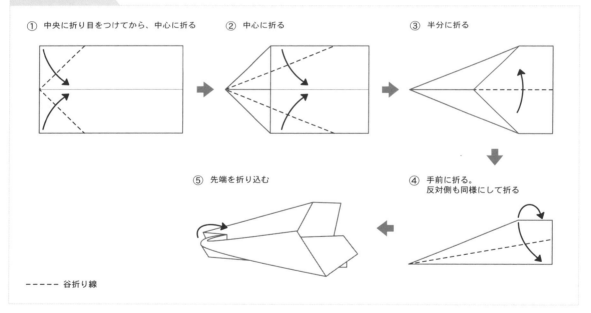

① 中央に折り目をつけてから、中心に折る

② 中心に折る

③ 半分に折る

⑤ 先端を折り込む

④ 手前に折る。
反対側も同様にして折る

----- 谷折り線

Point

・遠くに飛ばそうとするとつい力が入りますが、手首のスナップをきかせて、前に押し
出すように飛ばすとよいことを、手本を見せながら伝えましょう。

・保育者が折り方の説明をするときは、少し大きいサイズの紙（A4大）で手順を見せ
ると、折り方がわかりやすくてよいでしょう。

・親子参観などで行っても盛り上がります。自分で折ってみたり、わからないところを
聞いてみたり、協力して折ったり、さまざまな育ちが見られるでしょう。

自分で作った紙飛行機に、名前や
好きなものなど、目印になるものを描き、
飛ばしてあそぶ。

自立心
自分で作り上げ、
うまく飛ばそうと
挑戦する

**言葉による
伝え合い**
作り方を聞いたり、
話し合ったりする

保育者の声かけ ①

他にもっと飛ぶ作り方があ
るか、お家の人やまわりの
人にも聞いてみてね。

環境作り

いつでも紙飛行機作りに取り組めるように、
材料を設置したコーナーを作っておきます。
飛んだ距離を測って記録できるよう、床にビ
ニールテープなどをはって距離がわかるよう
にして印をつけておくと、より楽しめます。

あそびのアレンジ

線を引いて、何人かで飛ぶ距離を競う。

スタート

**思考力の
芽生え**
素材や折り方に
ついて気づき、
考える

保育者の声かけ ②

○○ちゃん、すごく
よく飛ぶね。どこが
違うのかな？ みん
なに教えてくれる？

**10の姿
の解説**

自立心

説明でわからなかったところを自ら
友達や保育者に聞いて作り上げよ
うとし、よく飛ぶと、「先生見て！」
とうれしそうに飛ばす姿も。小さな
達成感ですが、こうした経験の積み
重ねが自立心につながります。

言葉による伝え合い

友達や保育者にわからないところを
聞いたり、よく飛ぶ紙飛行機の作り
方を話し合ったりと、言葉で伝え合
うことでよりよい方法を模索してい
きます。

思考力の芽生え

紙飛行機に向いている紙質や大き
さ、厚さなどを話題にしたり、正確
に折ったほうがバランスの取れたよ
く飛ぶ紙飛行機になることに気づい
たり。作って飛ばすことを繰り返し、
さまざまな思考を巡らせています。

ねらい
● 紙パックや割り箸でこまを作り、伝承あそびに親しむ。
● こまの仕組みに興味をもったり、回ったときにできる
　きれいな模様を楽しんだりする。

こまであそぼう

紙パックと割り箸で、よく回るこまが完成！
紙パックそのものの柄や、自分で描いた柄が回る様子も楽しめます。

健康
人間関係
環境
言葉
表現

あそび方 | （準備するもの）　柄のある紙パック（いろいろな柄のものを用意）、
油性ペン、割り箸、千枚通し

紙パックこまの作り方

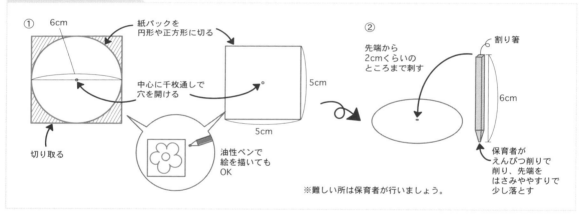

① 6cm
紙パックを円形や正方形に切る
中心に千枚通しで穴を開ける
切り取る
油性ペンで絵を描いてもOK

② 5cm　5cm
先端から2cmくらいのところまで刺す
割り箸　6
6cm
保育者がえんぴつ削りで削り、先端をはさみややすりで少し落とす

※難しい所は保育者が行いましょう。

① **こまを作る。**

＼ 四角にしよう ／

保育者の声かけ ①

いろいろな形、いろいろな柄で作って回してみよう。

保育者の声かけ ②

どうしたら上手に回せるかな。割り箸の下を短くしてみたらどうなるかな？

②　割り箸の芯をつまんで、指先をこするようにして回す。

協同性
こまがうまく
回るように、
友達同士で
相談する

青と白の
模様が、
混ざって見えるね

棒の長さを
変えてみよ
うかなあ

四角と丸で
競争してみよう

**豊かな
感性と表現**
模様の変化に
気づき、共有
しようとする

Point

- 回す前のこまの柄をよく見て、回ったときの様子と比較してみましょう。
- 「ヨーイ、ドン！」で、どのこまが長く回っているか競争しても楽しめます。
- 子ども自身がより回りやすい方法を模索するヒントとして、保育者がこまの紙パックの位置を上下にずらして回して見せましょう。
- 割り箸の先端がとがっているので、安全には十分に留意しましょう。

環境作り

さまざまな絵や文字、色のついた紙パックを用意しておきましょう。回したときの模様の違いを楽しめます。紙パックの台紙は保育者が用意しますが、円形のもの、正方形のものに加え、三角形や六角形のものを用意してみると、形による回り方の違いについて、子どもが考えるきっかけになります。

**10の姿
の解説**

思考力の芽生え

こまがよく回るためには、どこを変えて、どう工夫したらいいか。保育者からのヒントや、自ら気づいたことを試す姿は、思考力の芽生えです。しっかりと見守りましょう。

協同性

よく回るこま、うまく回らないこまがあることに気づき、友達同士で、どうしたらうまく回るのか、試した内容を共有し、よりよく回るこまを作ろうとする様子は、協同性の育ちの表れです。

豊かな感性と表現

自分で描いた模様や印刷されていたパッケージの柄の文字が回転したときの様子に驚き、一人一人どのように表現するか、その思いを受け止めながら、感性の育ちとして見てみましょう。

ねらい
● 色紙をつないだり、切ったりしてあそぶことを楽しむ。
● 色紙の配色を考え、さまざまな色の組み合わせができることに興味・関心をもつ。

手品あそび カラフル色紙ツリー

色とりどりの好きな色紙をつなぐと、すてきなツリーが！
みんなの前で、手品のようにおひろめです。

あそび方 ｜ （準備するもの）　色紙（15×15cm）各色5枚、のり、セロハンテープ ｜

健康

人間関係

環境

言葉

表現

カラフル色紙ツリーの作り方

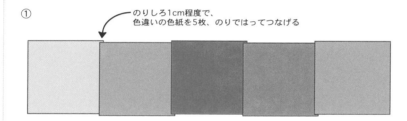

① のりしろ1cm程度で、色違いの色紙を5枚、のりではってつなげる

③ はさみで4か所、約9cmの切り込みを入れる

② 色紙の表が外側になるようにして、人さし指が入る程度の直径に丸め、筒状にする

セロハンテープ

※難しい所は保育者が行います。

豊かな感性と表現
色を選び、組み合わせを楽しむ

Point

・配色は子どもたちに任せ、どのような配色にするかなど、子どもが考えたり、友達と相談したりできるようにしましょう。

・子どもたち一人一人の作品を認め、それぞれが作った作品に対する達成感や充実感を得られるようにしましょう。

① 色紙ツリーを作る。

保育者の声かけ

すてきな色の組み合わせだね！みんなに見せてみる？

自立心
ツリー作りや手品発表をやり遂げようと試行錯誤する

環境作り

子どもがのびのびと取り組めるように、十分な量と、さまざまな色の色紙を用意します。

② 中心の1枚をつかみ、ゆっくり引き出して、ツリーにして楽しむ。

友達や保育者、保護者の前で発表する

【1】「ここに、色紙の筒があります。」

【2】呪文を唱えます。「チチンプイプイの……プイ！」

【3】「不思議！ カラフルなツリーが出てきました！」

10の姿の解説

豊かな感性と表現

色とりどりのツリーを、子どもなりに配色を考えて作ります。単色で作る子もいるかもしれません。一人一人の表現を認め、その育ちをとらえましょう。

自立心

楽しそうな手品を自分の手で作りたい、演じてみたいという子どもの気持ちに着目します。試行錯誤しながらの作品作りや、発表をやり遂げようとしている様子を見守ってみましょう。

4～5歳児

紙でっぽうあそび

新聞の広告チラシが、紙でっぽうに。
選んだ紙が紙でっぽうに向いていると、"パチン！"とよい音がしますよ。

健康
人間関係
環境
言葉
表現

あそび方 ｜ （準備するもの） さまざまな紙質の広告紙（A4～B4サイズ程度）

紙でっぽうの作り方

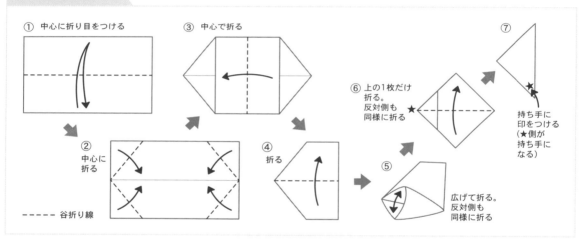

① 中心に折り目をつける

③ 中心で折る

⑦

⑥ 上の1枚だけ
折る。
反対側も
同様に折る

持ち手に
印をつける
（★側が
持ち手に
なる）

② 中心に
折る

④ 折る

⑤
広げて折る。
反対側も
同様に折る

- - - - - 谷折り線

① 保育者が、事前に用意した
紙でっぽうをポケットから
取り出し、クイズを出す。

これな～んだ！　なんの形でしょう？

三角！

保育者の声かけ ①

これはなんでしょ
う？　どんな形をし
ているかな？

② **手首のスナップをきかせて、紙でっぽうを振り下ろす。**

いち、にの、さん……
それ！

わ〜っ！

パチン！

自立心
作り上げるためにどうすればよいかを考え、実行する

環境作り
音が鳴りやすい素材のみでなく、あえて、厚手の上質な紙なども混ぜて、子どもたちに提供しましょう。より適した紙を探していく過程も大切です。

思考力の芽生え
紙質の違いを知り、いろいろな紙で試してみる

③ **子どもたちが自分で素材を選び、紙でっぽうを作って鳴らしてあそぶ。**

パチン！

どうしたら鳴るの？

先生のよく鳴る紙でっぽうと同じ紙を使おう

道徳性・規範意識の芽生え
守らなければならないことを意識しながらあそぶ

 保育者の声かけ ②

うまく鳴らない人は、紙を替えて作ってみる？

Point

・肩の力を抜いて、手首のスナップをきかせて振り下ろすとうまく音が鳴ります。また、薄く、紙質が悪い素材のほうが鳴りやすく、よい音になります。

・なかなか音が鳴らない子には、保育者が事前に用意した、鳴らしやすい紙でっぽうを渡してみましょう。「鳴った」という成功体験や試行錯誤のきっかけになります。

 10の姿の解説

自立心

保育者が鳴らしていたように自分もよい音を鳴らしたいと感じ、繰り返し挑戦する姿や、どうしたらいいかじっくり考える姿など、一人一人の取り組み方をよく観察しましょう。

思考力の芽生え

異なる紙質が用意されていることで、うまく鳴る紙はどれか、試行錯誤する様子も見られるでしょう。子どもなりにどう考えて活動しているか、見守ります。

道徳性・規範意識の芽生え

人に向けない、人の耳元で鳴らさない、ぶつからないよう周囲との間隔を取るなど、守るべきことを意識してあそびます。このような姿も、道徳性・規範意識の育ちとしてとらえられます。

あそびの型紙

本書で紹介している、ペープサートとパネルシアターの型紙です。
拡大コピーをして使用してください。

P78-79
おいしい秋みつけたよ

250%拡大コピー

サンマ（表）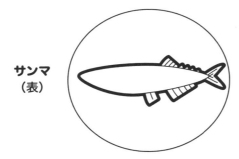

サンマ（裏）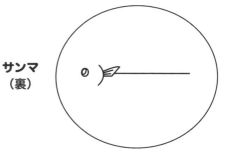

リンゴ（表）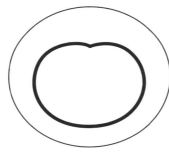

リンゴ（裏）

カキ（表）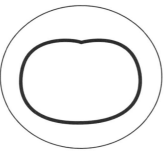

カキ（裏）

サツマイモ（表）

サツマイモ（裏）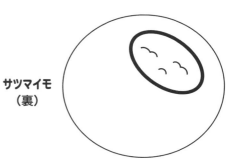

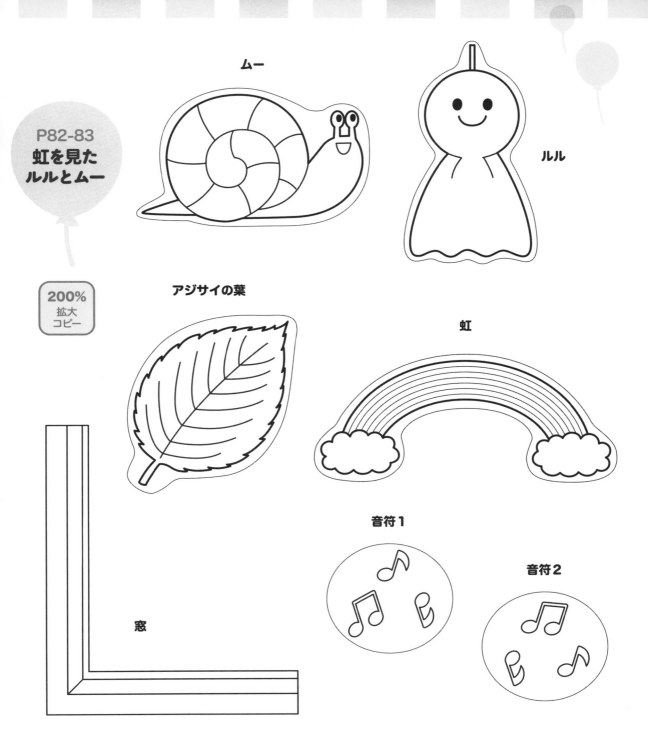

ムー

ルル

P82-83
虹を見た
ルルとムー

200%
拡大
コピー

アジサイの葉

虹

音符1

音符2

窓

Profile

阿部　恵（あべ　めぐむ）

道灌山学園保育福祉専門学校保育部長、道灌山幼稚園主事。
長年、保育者養成に携わりながら、保育雑誌の執筆、講演な
ど幅広く活躍。パネルシアターの第一人者。著書に『なぞな
ぞ＆ことばあそび決定版570問』（著／学研）『歌おう！　あ
そぼう！　バスレクアイディア集　増補改訂版』（編著／学研）、
『一年通して楽しめる！　アイデアいっぱいシアターあそび』
（著／日本文芸社）など多数。

Staff

表紙・カバーデザイン・イラスト／長谷川由美
本文デザイン／ Plan Sucre 佐藤絵理子
イラスト／とみたみはる　マルオアキコ　三角亜紀子
　　　　　Meriko　ヤマハチ　わたいしおり
作り方イラスト／松山絢菜
楽譜浄書／前田明子（オフィスマカロニ）
編集協力／童夢
校閲／みね工房